ちくま文庫

昭和の洋食 平成のカフェ飯

家庭料理の80年

阿古真理

筑摩書房

目次

昭和の洋食　平成のカフェ飯

家庭料理の80年

はじめに

　世の中には食の情報があふれている。いかにもおいしそうな食品のCM。ひんぱんに食べるシーンが登場するドラマ、映画、小説、マンガ。グルメ情報。料理レシピを紹介するメディア。健康に関連する食生活情報があり、食の問題を伝える報道がある。生産者や流通、教育現場の取り組みを伝える報道もある。マスメディア以外に、食に関するイベントやドキュメンタリー映画などの情報発信もある。もちろんインターネット上でも、食に関する情報は多い。いったい日本の食卓は豊かなのか、それとも崩壊に向かっているのか。

　一方で、プライバシーに関わる、家庭の食卓や個人の食生活の実態はなかなか見えにくい。前作『うちのご飯の60年　祖母・母・娘の食卓』では、私自身の家族の食卓の移り変わりを、社会的背景と照らし合わせることで食卓史を浮かび上がらせた。今回は、よりきめ細かく時代の変化を、そしてより広範囲な暮らし方を捉えるため、メディアを切り口にした。広く受け入れられたメディアの情報は、時代をリードすると同時に時代の気分を反映する。

歴史をたどる本にしたのは、現在は、過去の積み重ねで成り立っているからである。情報が氾濫している現在を読み解き、未来へ一歩踏み出すには、過去からの文脈を知る必要がある。

本書が対象にしているメディアは、料理メディアが花開いた昭和から平成の現在に至る、人気の雑誌や本、マンガ、テレビ番組である。メディアが家庭料理をどのように伝え、どんな食卓を描いてきたのか。歴史を追っていくと、家庭料理にも流行があることがわかる。

洋食が若い世代に支持されて一気に家庭に入っていった昭和中期、本格的な外国料理に取り組んだ主婦たちの時代、エスニックの要素が入り込んだ平成のカフェ飯。その間、くり返し再発見される和食。料理の紹介の仕方に、その時代に何が新しく、何が危機的と思われてきたのかが映し出される。食卓を描いた人気の小説やドラマ、マンガは、当時何が人気の料理だったのか、懐かしい場面とともに伝えている。

なぜ、昭和に洋食が広まり、平成にカフェで出すような料理のカフェ飯が支持されるのか。和食は再発見されなければならないのか。その理由は、経済や政治その他の社会的背景から明らかになる。最大の要因は、長く台所仕事を担ってきた女性の変化である。変わり続ける女性と周囲とのギャップが、食卓に何をもたらしてきたのかが、次第に明らかになってくる。

　時代の区切りは五つとした。昭和元年～二十年を昭和前期、昭和二十一年～五十年を昭和中期、昭和五十一年～昭和六十四年と平成元年までを昭和後期として分類し、平成は二年から十一年までの一九九〇年代と二〇〇〇年以降に分けた。

　昭和前期は、かまどで炊くご飯を中心にした食文化の中に、新奇なものとして外国料理が広まった時代である。昭和中期は、敗戦によって過去の文化に自信を失った人々が、外国文化を積極的に取り入れた時代である。昭和後期は、家庭料理がより手の込んだものへ向かうと同時に、外食化が進んだ時期である。一九九〇年代には、戦後築き上げた昭和の価値観が崩れていくと同時に新しい文化が芽吹きはじめる。二〇〇〇年代以降は崩壊がさらに進んで新しい現象が起こり、昔の食文化が再発見される。並行して起こる食文化の変化の、何が勝者となるのか。

　歴史をたどって見えてきた現在の食卓までご案内する。

プロローグ　朝ドラ『おひさま』の理想の食卓——昭和前期

コロッケやカレー、オムライスなどの洋食が広まったのは昭和の初めだった。昭和二十（一九四五）年までの昭和前期というと、戦争や食糧不足をイメージしがちだが、戦争が激しくなる前は、都会を中心に舶来の文化がもてはやされていた。都心の百貨店は大賑わい。家族連れが遊園地に出かけ、若者は登山やスキーへ出かける。あのころの雑誌を見ていると、「なぜ戦争なんてしたんだろう」、とため息をつきたくなる豊かさが伝わってくる。

そんな昭和初期の食卓をのぞいてみよう。

二〇一一（平成二十三）年四〜十月に放送されたNHK朝の連続テレビ小説『おひさま』は、戦中戦後を生き抜いた女性がヒロイン。東日本大震災で傷ついた人々の心に寄り添う優しい音楽と映像で人気を博した。登場人物は皆意思が強く、厳しい状況の中でも互いを思いやる心を忘れず、節度を持って人に接する。岡田惠和の脚本は、あり得たかもしれない昭和前期の理想の関係を描く。人々が囲む食卓も、理想の昭和である。

物語は一九三二（昭和七）年に始まる。東京から、須藤一家が長野・安曇野に引っ越してきた。母（原田知世）は病気でまもなく亡くなる。十一歳の陽子は、父（寺脇康文）と二人の兄のために台所に立つ。

このドラマで、食卓を飾る主役は煮ものである。

一九三八（昭和十三）年。女学生になった陽子（井上真央）が、学校から帰ってきたところで親しくしている隣の農家の主婦、宮本ハルに呼び止められる。

「陽子ちゃん、ちょっとうちおいでや」。そう言ってハルが囲炉裏の鍋を開けて見せると、里芋、れんこん、にんじんの煮ものがいっぱいに入っていた。

「うわあ、おいしそう。今日ね、春樹兄さん帰ってくるのよ、友達と」と笑顔になる陽子。春樹は松本の旧制高等学校に通っている長兄である。

「ちょうどよかった。たーんと食べてくれや」

「今度つくり方教えてくれる？ 煮ものだけじゃなく他にも」

ハルは風呂敷に鍋を包みながら、笑顔で「いいよーもちろん。なんだったら嫁に来ねーか、うちに」と探りを入れる。この家の一人息子、タケオは陽子に片思いしているのだ。鈍い陽子は冗談と受け取り、「やーだもう」とあっさりかわす。

以後、陽子が調える食卓にはひんぱんに煮ものが登場する。後半に登場する嫁ぎ先の義父（串田和美）も、陽子が父と初めて訪問した夜、酔っ払って楽しげに煮もののつくり方を講釈する。義父母は松本で蕎麦屋を営んでいて、義父は料理人である。

陽子のレパートリーのほとんどは和食である。朝はご飯にみそ汁、煮ものに野沢菜漬。夜もかまどで煮た料理を出す。一九三九（昭和十四）年の早春、次兄の茂樹が海軍飛行予科練習生になるため茨城に旅立つ朝、陽子が調える朝食はちらしずし、卵焼き、焼鮭、煮もの、野沢菜漬、そしてみそ汁と豪勢だ。茂樹は大喜びで好物を平らげる。

土間の台所は大正期以降、都市部で普及し始めた立ち流し式で、しゃがんで炊事するお隣と違って、須藤家が都会的であることを象徴する。しかし、洋食が出てくるのは、受験準備中の茂樹にとんかつを出す一回だけ。当時の世相と女学生という陽子の立場を考えると、ここまで洋食が少ないのは不自然ではないか。陽子の親友で大地主の娘、真知子がアフタヌーンティーで友人たちをもてなす場面がひんぱんに登場するので、西洋風の食材が手に入らない環境ではない。

このドラマに出てくる人たちは理想の人たちとして描かれている。父は威厳と優しさとユーモアを持って子どもたちに接する。子どもたちは父を尊敬し頼りにしている。お陽子と親友は、互いの悩みを分かち合うが、立ち入り過ぎる図々しさは持たない。お隣は、暮らしぶりの違いも息子の恋心が届かぬことも気にせず、終始須藤家の人々に親切である。陽子の嫁ぎ先の両親は新婚夫婦のように仲がよく、嫁を娘のようにかわいがる。戦争から帰ってくる夫も、家族のために生きようと心に誓い、陽子の話をよく聞いてやり、子守りも率先して引き受ける。

理想を描いたドラマに登場する食卓が、和食でなければならない理由は、現代日本の世相を考えるとよくわかる。

今や魚食がへり、米もしょう油もみそも消費量が半減している。和食離れが進んでいるのだ。若い世代を中心に、野菜不足も問題になっている。子育て世代の主婦は料理を面倒がり、食事をコンビニ食、菓子パンやカップラーメンで済ませる。子どもだけで囲む食卓も珍しくない。

コンビニからデパ地下まで、惣菜を扱う中食《なかしょく》産業は発展を続けている。冷凍・レトルト・インスタントなどの加工食品も、ますますバラエティが豊かになった。有名シェフ・有名店のレシピをもとにしたレトルトカレーも人気。最近では、それ一つで味が決まる合わせ調味料が次々とヒットしている。自分の料理と比べてプロの味のほうがいい、と考える主婦がふえて、家庭の味が消えそうな気配すらある。

家族の関係も問題を抱えている。慈しむはずの母親が子どもを虐待し、無視する。ふつうの家庭で育った娘たちが、大人になって母との深い確執を告白する。小説がそのような家族を描く。もはや、食卓はだんらんの場ではないのかもしれない。

食卓と家族が抱える現代的な問題に対して、理想の昭和を描くことで原点を再確認しようとしたのが、『おひさま』だった。

和食だけの昭和初期がフィクショナルというのは、当時は洋食が広まった時代だったからである。二十世紀初めは女学校に進学する女性が急激にふえ、調理実習でライスカレーやオムレツ、シチューといった洋食を習い始めた。陽子も学校で洋食を習ったはずである。女学校出身の女性たちを対象にした主婦雑誌が次々と創刊され、洋食を含む家庭料理を伝えた。料理書も、二十世紀に入ると和洋折衷の洋食を紹介するようになる。

『近代料理書の世界』（江原絢子、東四柳祥子・ドメス出版）によると、家庭料理という言葉が初めて登場するのは、一九〇三（明治三十六）年の料理書である。上流階級の家庭では炊事は使用人の担当だった。庶民の家では、調理に手をかける余裕はない。

産業革命で経済が発展して中間階級と呼ばれる勤め人がふえて、家庭料理というジャンルは生まれた。中間階級夫人は、料理人を雇う経済力はないが、献立を考える余裕はあった。情報を求める層が厚くなって、家庭料理を伝えるメディアが発達したのである。

本書は、料理レシピを扱ったメディアや、そのときどきに流行った小説やドラマ、マンガの食卓シーンを手がかりにした家庭料理の歴史の本である。メディアが描く料理や食卓を、その時代の社会背景と突き合わせると、世相が表れる。食卓に並ぶ料理とそれを囲む人々の向こうには、私たちが積み上げてきた経験と未来が見える。過去から現在に至る歴史を明らかにすることで、大切なものを、失う前に防ぎたいのである。

主婦という言葉を広めたのは、一九一七（大正六）年に創刊された『主婦之友』（一九五四年からは『主婦の友』・主婦の友社）である。夫の給料で暮らす女性たちが一家を切り盛りする主婦の自覚を持ち、料理のレパートリーをふやして、家族の健康を守ろうとする時代が始まる。

ライスカレーやオムレツ、シチューは創刊の年に出てくる。豚肉・牛肉料理、ジャムのつくり方まであるが、紹介される料理のほとんどは和食である。ひと手間かけて目先を変えた煮もの、焼きもの、あえものなどが登場する。

雑誌は読者の支持を受けて部数を伸ばし、一九三四（昭和九）年の正月号で百万部を超える。創刊の年に玉菜、赤茄子と書かれたキャベツ、トマトはこの年、なじみの食材になったのか、現在と同じカタカナ表記になっている。ただし登場回数は限られており、トマトと名のつく料理のほとんどは生でなく、トマトケチャップやトマトソースを用いる。

シチューはひんぱんに紹介されるが、市販のルウはもちろんなく、「最後に水溶きのメリケン粉を流して汁をどろりとさせて、塩、胡椒で味をととのえます」とつくり方が説明される。サンドイッチは、ジャムや手づくりのピーナッツバターなどを挟む。サラダも紹介されるが、材料は生野菜よりも、魚介類やキャベツなどに火を通したものが中心。冷蔵庫といえば氷で冷やす木製だった時代で、流通も今ほど発達していない。野菜を生で食べる習慣はなかったのである。

ライスカレーはすっかり人気の料理で、六月号では、小説家や声楽家、大学教授夫人などが、それぞれ自慢のつくり方を教えている。「烏賊のライスカレー」、「若鶏のライスカレー」、「椰子の実（ココナッツ）ライスカレー」、「果物入りライスカレー」と、バリエーションは今と遜色なく豊富である。セレブが紹介する料理に洋食が多く、献立紹介とともにレシピが登場するページは和食が中心。洋食はまだ憧れの要素が強い。

洋食が入ってきた様子をリアルに描いたのが、『おひさま』の次に放送されたNHK朝の連続テレビ小説『カーネーション』（二〇一一年十月～二〇一二年三月）である。コシノ三姉妹を育てた小篠綾子がモデルの物語は、大正末～平成までを三人の女優に主役を交替させながら緊張感を保ち描いた傑作で、平均視聴率一九・一％の高い成績を収めた。脚本家は実力派の若手、渡辺あやである。

大正生まれの小原糸子（尾野真千子）は、岸和田で呉服店を営む気が短い父（小林薫）、神戸の実業家の娘でおっとり者の母（麻生祐未）の許で育った四人姉妹の長女である。台所を預かるのは父方の祖母だ。やんちゃな糸子は、神戸の祖父の家でダンスパーティを見て、洋装に憧れる。やがて技術を学び、洋裁で家族を養うようになる。結婚して三人の娘が生まれるが、夫を戦争で喪い女手一つで育てる。娘たちも洋裁を志し、それぞれファッションリーダーとなる。仕事のおもしろさと厳しさ、人生の喜びと哀しみを描き、少ないセリフと余韻を残す映像で引き込む番組だ。

一九二七（昭和二）年。洋裁に憧れる十四歳の糸子は、ミシンを扱いたい一心で女学校を辞め、作業着をつくるパッチ店で修業することになった。就職祝い、と幼なじみの安岡勘助の母、玉枝がつくってくれるのが、初挑戦のカレーだ。立ち流し式の台所のかまどから玉枝が持ってきた丸底鍋には、茶色く不思議な香りがする汁もの。糸子はワクワクしながら、勘助は半ば怯えながら丼ご飯にその汁がかけられるのを待つ。箸で一口食べて「うまい！　ごっつうまい！」と感激する糸子。ギュッと目をつぶって掻き込んだ勘助も、おかわりまで欲しがる。

ミシンの扱いも慣れてきたある日、隣の電気屋にミシンのデモンストレーションをしに、モダンガールの根岸先生がやってくる。先生が東京に帰る直前、父が個人教授を頼んで、糸子は洋裁の基礎を叩きこまれる。

初日、先生は糸子に洋服を着せ、大阪第一の繁華街、心斎橋に連れて行く。モダンな建物が並び洋装の人が歩く心斎橋でしゃれたパーラーに入り、気後れしながらもおいしそうにアイスクリームを食べる糸子。洋服は、着る人に品格と誇りを持たせ、夢や希望へ導くと信念を語る先生の言葉を胸に刻む。その日、母が先生のために張り切ってとんかつを揚げるが、大失敗。

「豚はよう火を通さんとあかんって聞いて、心配で何回も揚げ直してたらこないなって」と、しどろもどろに説明する母。

「第一焦げすぎや！　こんなもん食えるか！」と父は怒る。あまりのまずさに、先生も口にした途端、咳き込んでしまう。そこへふだん台所を預かる祖母が出したのが、毎日のようにつくるイワシの煮つけ。「こっち、食べてみちゃって。田舎料理やさかい、お口に合わんかもしらんけど」「いただきます……うーん、おいしい！」と幸せそうな顔をする先生。

箸で食べるカレー。扱い方がわからない豚肉。初めて洋食と出合った日本人は、こんな風だったかもしれないと思わせる。しかし、西洋文化は糸子がその気になれば手の届く距離にあった。昭和初期、大阪は日本一の大都会で繁栄を極めていた。その街に遊びに行ける距離に住み、当時日本第三の都市で、欧米の文化が真っ先に入ってくる神戸の山の手に祖父母は洋館を構える。その家に呼ばれると、糸子も祖父母・伯父家族とコース料理をディナーにいただき、ケーキと紅茶でティータイムを楽しむ。

やがて結婚した糸子の世界にも戦争が入り込む。夫も、幼なじみの勘助も出征する。父も亡くなり、糸子はますます仕事に励む。空襲警報がひんぱんに出て、夜もおちおち寝ていられなくなる。隣組の防火訓練がある。従業員と疎開させた家族を養うため闇で食料を仕入れる。常にお腹が空いて寝不足の、先が見えない日々が続く。パワフルな糸子も考える余裕をなくし、夫の戦死公報を受け取ったときは、何の感慨も抱けなくなっている。そして、戦争が終わる。

当時の食事情を、主婦雑誌を丹念に調べた斎藤美奈子の『戦下のレシピ　太平洋戦争下の食を知る』（岩波現代文庫）が明らかにしている。茶がらや魚粉、雑草、自家菜園の野菜のつるまで食べて、総力戦を精神力で乗り切れと雑誌はハッパをかける。しかし、食べる絶対量が少なすぎる。何でも粉にして増量材にするから、食感がない。調味料が不足しているから味もない。燃料も足りずぬるい。つまり、まずいのだ。「湯気の立った雑炊やすいとんは、『熱い』というだけでもごちそうだったのではないだろうか」と斎藤は書く。

食べることは、生きることである。おいしいと思って食べると、生きる活力が生まれてくる。疲れが癒され、明日もがんばろうと思える。空腹だと、ろくなことを考えない。ケンカがふえ、悲観的になる。あまりにも食べられないでいると考えることすらできなくなる。自分のことはもちろん、周りのこともどうでもよくなる。食べられるものなら何でも口にする。先のことなど考えられず、今この瞬間を生き延びるので精一杯。生きる尊厳を奪われ、過去に誇りを持てなくなった人々が、再出発したのが一九四五（昭和二十）年だった。

第一章　主婦たちの生活革命——昭和中期

（1）料理研究家はセレブリティ

焼け跡で憧れたアメリカ

戦後七十年ほどの間に、日本の食卓は大きく変わった。本格的な変化が始まったのは高度成長期だが、現代へと向かう方向へ舵を切ったのは占領期だ。食卓の戦後復興は、アメリカへの憧れから始まっている。

GHQの民主化政策によって、農村部を中心に全国各地でアメリカの暮らしを紹介する映画が上映された。スクリーンで観る戦勝国アメリカの暮らしは、豊かだった。

ピカピカのダイニングでは、蛇口をひねればお湯も水も出てくる。真っ白くて大きな冷蔵庫。中にはミートローフ、パイ、野菜サラダなどが詰め込まれている。テーブルには真っ白い陶器の食器、銀色のナイフとフォーク。何もかもが輝いて見えた。

人々は、日々食べるものを調達するのに苦労していた。戦争も終わりごろになると、農村でも働き盛りの男性が兵隊に取られてほとんどいなくなったため、田畑の手入れもままならなくなった。収穫がへる。戦争に負けると、植民地がなくなって朝鮮半島や台湾からも調達していた米などが不足する。そこへ兵士が帰国し、引き揚げ者たちがどっと故郷へ戻ってきた。食べものは少ないのに、人がふえた。農村でも、大根や菜っ葉でかさをふやしたご飯を食べるような生活が続く。

都会の人たちは、もっと貧しかった。配給は滞りがちで、米がほとんどない。野菜もタンパク源も少ない。着物を農村部まで持って行き、食糧と取り替えてもらうタケノコ生活が続いた。

主食用として配給される炭水化物の食糧は、米よりも、さつまいもや小麦粉が多かった。その粉を利用して、すいとんをつくった。また、電熱式のパン焼き器をつくったり買ったりして、パンを焼いた。小麦粉などを持っていけば、パンを焼いてくれるパン屋もあった。学校では食糧不足を補うための給食が始まり、アメリカからの救援物資の脱脂粉乳とパンを子どもたちは食べた。米のご飯を食べたいと思っていた人々が口にできたのは、パンだったのである。

アメリカの豊かさは、闇市に出まわる放出品の缶詰や、子どもたちに配ったチョコレートなどからもわかった。進駐軍関係の仕事を得て、彼らの生活をのぞき見た人たちも、その豊かさに触れた。食卓にはどっさり果物をのせたかごが置いてある。毎日たっぷりの肉を料理して、サラダとパンを食べる。ときにはアップルパイも焼く。

長い戦争の間に貧しくなったのは、食糧事情だけではなかった。

子どもたちは、甘いものをおやつに食べたり、遊園地に行ったりといった、文化的な生活が昔あったことすら、あまりよく知らない。

長い窮乏生活に耐えたのちに、戦争に負けた。信じていた価値観がひっくり返った。そんなところに、物質的な豊かさを前面に押し出し、まるで違うライフスタイルを持ち込んだのが進駐軍だった。戦争でたくさんのものをなくした人々は、戦勝国の物質的な豊かさに圧倒された。西洋的ライフスタイルへの強烈な憧れが、人々の心に深く刻まれるのである。

『暮しの手帖』の生活復興

二〇一六（平成二十八）年四月〜十月、NHK朝の連続テレビ小説が放送した『とと姉ちゃん』は、戦後復興期に生活雑誌『暮しの手帖』を創刊した、暮しの手帖社創業社長の大橋鎭子をモデルにした物語である。

鎭子役が小橋常子（高畑充希）、編集長の花森安治が花山伊佐次（唐沢寿明）となっている。怒りっぽいが質の高い仕事をする個性派編集長と、彼の同志であり背後で支える社長の名コンビを、社員や家族など、大勢の人たちが見守りついていく。時代で変わる生活のディテールがていねいに描かれ、ささやかな暮らしの大切さというドラマの主題に説得力を持たせる。通期視聴率二十二・八％を記録したヒット作である。

自分たちを守るはずだった戦争で、暮らしが壊される現実に直面した常子。戦時中、内務省の仕事に携わった伊左次。その二人が焼け跡の町で会って雑誌を創刊するまでが前半のハイライトである。二度と戦争を起こさせないために、心豊かな暮らしを築こう。そのために役立つ雑誌をつくる。後半は、意気投合した二人が編み出す斬新な企画に、周囲の人たちが絡んでいく。

本物の『暮しの手帖』は、一九四八（昭和二十三）年九月に季刊誌『美しい暮しの手帖』として発行された。今回、創刊号から一九五〇（昭和二十五）年十二月発行の十号までを調べた。

モノクロの四段組と三段組で、著名人を含むさまざまな人が寄せたエッセイが誌面の大半を占める。例えば、歌人の片山廣子、『青鞜』創刊者として名高い平塚らいてう、考現学を提唱した民俗学者の今和次郎、植物学者の牧野富太郎などである。

創刊号では高校教師の秋山初枝が「茶の間の手帖」と題した、食生活の指針を提案している。食事は家族揃ってする、子どものおやつは食事と同じぐらい大事である、弁当にもごちそうを入れようといった内容。バラック住まいが多かった当時、どれだけ実践可能だったかわからないが、食卓再建への意気込みが感じられる。

一九四九（昭和二十四）年七月の第四号では、朝日新聞論説委員の荒垣秀雄が「台所の奴隷か主権者か」というセンセーショナルなタイトルのエッセイを寄せている。第二十四条に男女同権を盛り込んだ日本国憲法が施行されたのは一九四七（昭和二十二）年五月である。新憲法は出たが台所は男女同権ではない、と今日まで通じる問題を早くも指摘している。しかし、提案された解決法は「台所の電化」であり、男性は部外者である。根深い性別役割分担意識は、独り女性が台所で奮闘する現代へとつながっている。

圧巻は一九五〇年十月の九号に花森安治が書いた「風俗の手帖」だ。二ページに渡るエッセイに、雑誌の精神が凝縮されている。「おそらく、一つの内閣を変えるよりも、一つの家のみそ汁の作り方を変えることの方が、ずっとむつかしいにちがいない」。なぜなら「たとえ一日でも、暮すのをやめるわけには、ゆかない」からである。

リセットも休止もできない生活を変える難しさを書きつつ、しかし「美しく暮したいと思うことは、たしかに人間の、すべての人間の権利である」と締めくくる。

巻頭には毎号花森の次の言葉が掲げられている。

「これはあなたの手帖です／いろいろのことがここには書きつけてある／この中のどれかせめて一つ二つは／すぐ今日あなたの暮しに役立ち／せめてどれかもう一つ二つは／すぐには役に立たないように見えても／やがてこころの底ふかく沈んで／いつかあなたの暮し方を変えてしまう／そんなふうな／これはあなたの暮しの手帖です」

心の底からほとばしり出たような言葉の数々は、一人ひとりが主体的に心地よい暮らしを築く、静かな生活革命のためのマニフェストなのである。

料理の紹介は、エッセイに惣菜のつくり方が散見されるほか、九号で始まる中江百合の「にほん料理おさらえ帖」などがある。目を引くのは一九五〇年四月発行の七号から始まる雑誌史上初のプロセス写真つきおやつのつくり方で、レシピを提供したのは銀座コロンバンの門倉國彦。七号でホットケーキ、八号でプディング（プリン）、九号でビスケット、十号でクリスマスケーキが紹介されている。

また、早々と三号から千葉千代吉による「西洋料理入門」という四ページにも渡るエッセイの連載が始まっている。野菜料理に肉料理、ソースなど、おそらく読者が食べたこともなければ材料を手に入れることが困難なものも含めた、フランス料理のつくり方と解説が載っている。連載には、やがて訪れる豊かな時代への希望が込められているようにも見える。そして、初期の連載が二つも西洋料理のつくり方だったことが、その後一気に進む洋風化の時代を予感させる。

若大将のサラダ

戦後五年で始まった朝鮮戦争の特需景気をきっかけに、トータルで二十年近く続いた高度経済成長が始まった。

ぜいたくは敵だとされて、楽しむことを抑えつけられていた反動は大きかった。食卓をまだまともに調えられなかったようなころから、単に命をつなぐだけではなく、生活を彩るものに対する強烈な飢えが、人々を駆り立てた。プロローグでも紹介したNHKの『カーネーション』には、そんな戦後の人々がいきいきと描かれている。

戦後すぐ、大阪府岸和田市で洋裁店を営む糸子のもとに、お得意さんの踊り子のサエ（黒谷友香）が訪ねてくる。「ここに来れば洋服があると思っていたのに」とがっかりする。糸子は、闇市で食糧と交換できる実用的な下着ばかりを縫っていた。「糸ちゃん、あんたほんま女心をわかってへんなー」とため息をついたサエの提案で、糸子は、再び洋服をつくることにする。とりあえず手に入る軍用品の残り生地でスカートとブラウスを縫う。できた端から売れていく。青地に白い水玉の生地を見つけて、サンプルをショーケースに飾ると、街中に糸子がつくった水玉の服を着た女性があふれるようになった。女性たちはおしゃれに飢えていたのである。

男も女も関係なく、人々が飢えていたのは娯楽である。戦後すぐ、誰もが楽しむようになったのは、映画だった。敗戦の年、全国の映画館数は一二三七館、国民一人あたりの入場回数は五・五回もある。映画館と入場者の数はうなぎ登りにふえていく。ピークの一九五八(昭和三十三)年には、一人あたり十二・三回、つまり月に一回は映画を観るほどになっていた。

このころ、ミュージカル仕立ての娯楽映画がたくさんつくられた。『東京キッド』をはじめとする美空ひばりの映画。ひばりに雪村いづみ、江利チエミの三人娘を主役にした映画。石坂洋次郎原作の『青い山脈』や『陽のあたる坂道』。『陽のあたる坂道』の主役は石原裕次郎である。石原裕次郎は、小林旭とともに日活のアクション映画を支えた。看板になる俳優やタレントがいれば、映画会社はその人を主役に次々と映画をつくる。

美空ひばりと同い年で一九三七(昭和十二)年生まれの加山雄三は、東宝で活躍した。一九六一（昭和三十六）年から一九八一（昭和五十六）年まで計十八作もの若大将シリーズに主演している。俳優上原謙の息子で、茅ヶ崎育ち。お坊ちゃんの育ちのよさをそのまま映画にした。第一作の『大学の若大将』では、三代続くすき焼き屋の跡取り息子役。好青年だが遊び好き。大学の水泳部に所属している。誤解もあって、息子の放蕩ぶりにキレた父に家を追い出され、夏休みのアルバイトで別荘の管理人をしている部の仲間を訪ねる。

とにかくお腹がすいてたまらない若大将、勝手に冷蔵庫のものを取り出してごちそうをつくる。フライパンでベーコンエッグを焼き、レタスやトマトなどを使って大皿いっぱいのサラダをつくり、ソーセージを並べて、豪華な食卓を囲んだところで別荘の持ち主の娘が現れる。あわてた友人に追い出され、ごちそうを食べ損ねる。

パンとサラダ、卵の朝食は、石原裕次郎の『陽のあたる坂道』にも登場する。こういう洋風スタイルの食事が、当時の憧れだったことがよくわかる。

『きょうの料理』が始まる

一九五三（昭和二十八）年、テレビの本放送が始まった。最初のころ、テレビは庶民には手が届かない高級品だった。街頭テレビに大勢の人が集まり、小さな画面の中でくり広げられるプロレスの試合に熱狂するようになる。昭和三十年代前半、テレビを置いた飲食店は、テレビが見られることを売りものにお客を呼ぶことができた。一般家庭にも入り始めると、今度はその家に近所の人たちが集まって鑑賞する。

一九六二（昭和三十七）年に保有台数が一千万台を突破して、テレビはそれぞれの家で見られるようになっていく。主役を交替した映画館は、入場者数も館数もへり始める。

プロレス以外で人気を集めたテレビ番組の一つが、料理番組だった。

日本テレビが一九五六（昭和三十一）年に始めたのが、お昼の時間帯に放送した『奥さまお料理メモ』。月曜日から土曜日まで十五分間放送して三〇％もの視聴率を記録する。そして、NHKなどの追随番組を生む。

NHKの料理番組といえば、現在まで続く『きょうの料理』である。始まったのは、一九五七（昭和三十二）年。最初は月曜日から土曜日までのお昼、十分間の生放送だった。翌年から発行されたテキストを、創刊号から一年分（欠号あり）通して観ると、当時の気分が伝わってくる。

一九五八年五〜六月放送分のテキストをのせた創刊号では、いきなり「ツホンニョユアン」という未知の料理が登場する。日本語で「肉だんごの野菜むし」。豚のひき

NHKの『きょうの料理』は、放送開始2年目の1958年にテキストを創刊

肉、卵、しいたけ、そらまめ、ハムを丸め、塩、酒、しょう油、ごま油で味つけし、片栗粉でとろみをつけた中華料理である。次が「鶏肉入り卵豆腐」。「チキンフリカッセ」の名で「鶏肉と野菜の洋風煮込み」も登場する。

経済成長が始まったばかりのころである。テレビで放送されている料理を、今日の晩ご飯のメニューにしましょう、とは簡単にいかなさそうだ。つくり方も難しそうだし、材料がそろうかどうか。しかし、映像を見ればプロセスがわかるし、味の話も聞ける。テレビならではの料理を選択している。そして、どこの家にもテレビがある時代ではなかったからこそ、珍しい料理もどんどん紹介できたのだろう、というのが創成期の『きょうの料理』だった。

庶民にとってテレビは一生のお買い物で、冷蔵庫もどこの家にでもあるものではなかった。スーパーマーケットは現れ始めたところ。住宅街は店も遠く、食料品店が御用聞きに来て配達していた。『サザエさん』の世界である。

当時、何が珍しかったかは、『きょうの料理』テキストのコラム「便利帖」を拾い読みするとよくわかる。

創刊号では、「バターの色」と題して、こんな文章が続く。

「バターの黄色い色は、カロチンやキサントフィルという色素で、牛の食べる青草に含まれており、ビタミンA・Dに富んでいます。（中略）しかし、人工着色のものもありますので、強い黄や、縞のある品はさけた方が安全です」

「冷蔵庫とポリエチレン」の本文は次のとおり。

「ポリエチレンは熱には弱いのですが、反対に寒冷に対しては強く、零下70度でも、柔らかさを保つといわれます。その上水分を通さないので、電気冷蔵庫（零度乃至零下5度）などにいれるのに適しています。食物ののこりや、液体の食品を入れておく事もできますし、場所をとらないので、自由に利用できて重宝です」

バターもポリエチレン、つまりビニール袋も、まだ使い慣れない新しいものだったのである。

新しい料理だったサラダ

メディアで紹介したい珍しいもの、新しいものといえば、何といってもアメリカに代表される西洋の料理だった。『きょうの料理』のラインナップにもその気分が表れている。

「オムライス」、「ミートパイ」、「トマト入りビーフシチュー」、「イタリー風冷しマカロニ」、「ステュード・エッグ・プラント」、「ロールフィッシュ」、「カリフラワーのクリーム煮」、「ハヤシライス」といった具合で、並べてみるとバタ臭い名前が多い。いかにも西洋料理、という印象がある。パーティ料理もよく紹介される。中華料理は多いが、和食は誰でも知っているという前提でほとんど紹介されない。

洋風料理は戦前、上流階級から始まり、中間階級あたりまでは伝わっていた。西洋への憧れは江戸時代末期の開国から始まっている。追いつき追い越すべき国の文化を取り入れたがっていた人はたくさんいた。だから、西洋料理は女学校でも教えた。庶民まで広まった三大洋食が、コロッケやライスカレー、とんかつである。

しかし、実際に日常食にしたのは、一部の恵まれた階層だけだっただろうことは、戦前の中間階級向け雑誌、『主婦之友』を見るとわかる。基本はみそ汁とご飯の和食で、洋食はそれほど多く登場しない。材料の入手が難しかったこともあるし、台所設備も西洋のものとは違っていた。大正時代に始まった生活改善運動で、都市部に西洋式の立ち流し式のシステムキッチンらしきものが普及したころに、戦争が激しくなっていったからである。

だから、西洋化は戦後の経済成長で一気にやってきた。見たことも聞いたこともないような料理が、次々とテレビや雑誌で紹介されるようになったのである。

昭和半ばに急速に浸透していった料理が、サラダである。

サラダに使われるトマトやレタス・サラダ菜やセロリなどは、戦前の日本にもあったが、今ほどポピュラーな野菜ではなかった。キャベツも、一般家庭に浸透したのは昭和三十年代からである。疎開先の野菜畑でトマトを見たけれど、変な味がして食べられなかったという少年時代の思い出を持つ東京の人もいる。

昭和三十年代にサラダが急速に普及していくのは、テレビや雑誌でサラダがどういう料理なのか伝えられ、野菜をナマで食べられる衛生環境が整ったからである。巻頭グラビアで、西洋野菜を並べたカラー写真を掲載した『きょうの料理』一九五九（昭和三十四）年三〜四月号は、サラダ関連の情報にページを割いている。「便利帖」の、「生野菜を洗うとき」を読んでみよう。

「生野菜をたべる時は、食品用中性洗剤の千倍液（バケツ1杯の水に洗剤大サジ1杯の割）をつくってその中でよくふり洗いしてから、あとを1・2回水洗いする。洗濯用の中性洗剤は、アルカリ分や蛍光剤が入っているので、必ず食品用をつかう。こうして洗浄する事によって、蛔虫卵の殆どが洗い流されてしまう」

堆肥で野菜を育てることが当たり前だったこの時期、野菜の汚染で気をつけるべきは、農薬などの化学物質より、土から紛れ込む回虫だったのである。

写真で見せた西洋野菜の説明が後のページにある。登場するのは二十日大根（ラディッシュ）、ビーツ、セロリ、アスパラガス、レタス、レッドキャベツ、クレソン、パセリ。一部を抜き出してみよう。

アスパラガス＝「西洋うどともいい、国内にもたくさん出来るようになった。5・6月の最盛期には缶詰物より、味のよい生をやわらかく煮てバターの多いソースで食べるか、ヴィネグレットソース等でサラダにしてもおいしい」

レタス＝「日本でいうチシャの一種でキャベツのように丸くまいたその葉は中心になるほど色白くやわらかでおいしい。この種のものには、玉チシャ（サラダ菜ともいう）、カキチシャ、シコレ（チコリとも呼ばれているもの）というのこぎりの歯のような葉でこの種の内で最も味がよいもの、又、アンリーブのように、にがみがあってよい味のもの等種類が多い。多く冷たいソースをかけて生で食べる外に、豚肉やハム・ソーセージ等と煮込んで食べる」

今はサラダはどこででも食べられる。洋食店のランチには必ずつくし、デパ地下でもスーパーでもコンビニでも、にぎやかにショーケースに飾られている。年中、サラダに使うトマトやレタスを買うお年寄りもいる。しかし、当時の人々の多くはサラダ野菜を見たこともなければ、どんな味がしてどういう使い方をすればよいのか、想像もつかなかったのである。

料理研究家の華やかな経歴

創成期の『きょうの料理』で料理を紹介したのは、フランス料理などのプロの職人のほか、それまであまり存在が知られていなかった料理研究家たちだ。料理教室は江戸時代末期からあって、良家の子女が通っていたが、料理を教える人の存在が広く知られるようになったきっかけは、テレビ放送である。

戦前、貴族や士族といった上流階級の家や、社長クラスのお金持ちの家には、専門の料理人がいた。庶民は、毎日同じようなものを食べていた。流通がそれほど発達しておらず、漁村、山村、農村、都市部といった地域によって、手に入る食材は決まっていた。身分制度があったから、階級によっても食べるものが違っていた。

農文協が出している『日本の食生活全集』は、全国各地の昭和初期の食生活を聞き取っている。地域ごとに、日々の食事は何で年中行事の食事は何、と区別されている。東京、大阪、兵庫など大都市がある都府県では、職業別の紹介がある。

明治の産業革命で生まれた中間階級の主婦たちは、受け継ぐべき伝統がない分、自由だった。女学校で外国の料理を習い、主婦雑誌を読んで、日々の献立を考えた。その中には、コロッケやライスカレーもあった。料理人は雇えないから自ら台所に立つが、すべて手作業の家事は大変だから女中を雇う。そういう階級の、主婦や嫁入り前の娘たちが通うのが料理教室だった。彼女たちは、外から料理情報を採り入れながら、日々の食卓を調えた。

戦後になって、テレビを通して家庭料理の民主化が行われた。テレビさえ見られれば、誰でも一流の先生から料理を学ぶことができる。料理番組創成期のテレビに駆り出された料理研究家たちは、プロから学んだ経験を持つ。料理教室を開いていた人もいる。彼女たちは、世界各国の料理に精通しているセレブリティだった。

赤堀全子《まさこ》は、一八八二(明治十五)年に創設された、「一般家庭の子女」を対象にした最初の料理学校、赤堀割烹教場の四代目。日露戦争の陸軍大将、乃木希典に産着を贈られたセレブリティである。何しろ初代は、伊藤博文夫人に料理を教えている。この教室に来た「一般家庭」の女性たちがいかにお金持ちだったか想像がつく。

河野貞子は、大正から昭和にかけて、商社マンの夫に伴われてニューヨークで暮らした。「ニューヨークで、オペラやテニスやドライブを楽しみながら、ホテルのシェフに料理を習ったり、世界中から集まっていた各国のレストランを食べ歩き、さまざまな味を覚えていく」(『テレビ料理人列伝』河村明子・生活人新書)という、とてもぜいたくな生活をしていたことがわかる。

セレブな料理研究家たちの代表格で、開いていた料理教室も大繁盛したお茶の間の人気者が、江上トミと飯田深雪である。江上が東京で開いた江上料理学院は、テレビ出演がひんぱんになって生徒数が急速にふえ、一九六〇（昭和三十五）年には六千五百人になった。

江上トミは、『きょうの料理』でサラダ野菜の役割を紹介した料理研究家である。彼女の伝記『江上トミの料理一路　台所文化のさきがけ』（津谷明石・朝日新聞社）には、「料理とは、その国や地方の人たちの、歴史的ななりわいを通して作り上げられた文化」という江上の言葉が記されている。

江上にとって料理を教えることは、外国のそれぞれの地域が持つ長い歴史の中で発達した食べ方を、日本の人たちに伝えることでもあった。つまりそれは、外国から文化を輸入することだったのである。そして料理研究家とは、各地の料理の成り立ちを調べて日本流に翻訳し伝える、まさにプロの研究者だったのである。

実業家肌の江上トミ

江上トミは、一八九九（明治三十二）年に熊本県芦北郡田ノ浦村で、七人きょうだいの六番目として生まれている。父は地主で地方銀行の監査役を務める名士だった。

トミは母方の江上家の跡取りとして養女となるが、実家できょうだいとともに育つ。江上家は、肥前の守護大名の一族だったという由緒ある家柄で、祖父は、京都から料理人を呼び寄せて台所を任せた食通である。

一九一九（大正八）年、十九歳で結婚。相手は地主の次男坊で、江上家に婿入りして陸軍造兵廠の技術官となる。夫の職業柄、トミはあちこちに移り住むことになる。

東京で暮らした時期には、一流料亭の主人やフランス料理のシェフらが教える東京料理学校に通う。その後夫がパリに赴任すると、一流料理学校として名高いル・コルドン・ブルーに通う。お茶もお琴も習ったが、何より楽しんで続いたお稽古ごとは、料理だった。その後ロンドンに住み、計三年間の渡欧生活を経て帰国する。

パリで一緒だった駐在武官の奥さんに教えたことがきっかけとなり、料理教室を開く。九州各地で教室を開いたが、どこへ行っても盛況。その経験が戦後生きる。夫が戦争責任を重く考えてリタイヤを宣言したからである。夫からバトンを渡された形で生計を担った江上は、食材調達など裏方に回って支える夫と料理教室を開く。

一九五三（昭和二十八）年、景気がよくなってきたとみると、海外の料理に関する知識を蓄えるため、思いきってヨーロッパを中心にした視察旅行に出る。そして一九五五（昭和三十）年、家族を連れて東京に進出する。パナソニック創業者の松下幸之助とも親交があって、炊飯器開発に関わった。請われて、清宮貴子内親王に料理を教えたこともある。

江上トミは、由緒あるセレブリティであるだけでなく、一家の大黒柱だった。先見の明がある経営者で、カリスマ性があった。

テレビでは、温かいおふくろさんの笑顔と熊本なまりでテレビの視聴者をとりこにした。親しみやすい雰囲気を持つ人気者が、テレビを通して料理を教わる楽しみを伝えたのである。

マナーから教えた飯田深雪

飯田深雪は、一九〇三（明治三十六）年生まれ。大家族の中で生きた江上トミとは対照的で、不幸な結婚生活を送り、戦後、料理教室を開いて自活するころ離婚している。神経痛などさまざまな体調不良や病気に悩まされたが、二〇〇七（平成十九）年に百三歳になるまで生き、充実した後半生を送った。料理の本以外にも、アートフラワーやインテリア、マナーなど幅広い分野で合わせて百三十二冊も著書を出した。日本に初めてバーベキューを紹介したとも言われている。

セレブリティという意味では、飯田深雪のほうがそのイメージにふさわしい。パーティなどのフォーマルな場でどのように振る舞い、どのようにテーブルセッティングをするべきか、といった上流階級の作法を伝えたからである。

飯田の夫は外務省勤めで、戦前、夫婦は海外暮らしが長かった。そのため、飯田はたびたびはるばる外国にやってきた日本人を家でもてなしている。外務大臣が随行員三十人を連れてきたのをシカゴの自宅でもてなしたこともあった。秩父宮妃になった松平駐米大使のお嬢さまから、すしの差し入れを頼まれたというエピソードもある。ホテルオークラの総料理長で『きょうの料理』でも活躍した小野正吉や、森英恵とも親交があった。

飯田の母方の家系は、埼玉県で四百年続く旧家だ。母を早くに亡くし、祖父の家で過ごした時期に、京料理と出合っている。飯田の自伝『喜ばれて喜んで96歳　おもてなしへの招待状』(日本放送出版協会)には、祖父が若いときに支援した日本画家が大成し、もてなされたときの印象が記されている。

「月に二度、祖父は必ず幼い私を連れてその方の奥様の京料理をいただきに行きます。田舎料理とは異なり、一の膳、二の膳、三の膳と供される京料理の美しさ、美味しさに心が弾みました。そのとき私は、幼いながら料理は素晴らしく楽しいものだという感銘を受けたのです」

その後、深雪を連れて再婚し、平壌に病院を開く父がまた、グルメだった。

「父は大の洋食党でしたし、継母は料理がとても上手でした。ホテルからシェフを呼んで正式なフランス料理を習っていたくらいです」

一九二六（大正十五）年に結婚し、夫についてシカゴやカルカッタ（現コルカタ）、ロンドンで暮らす。それぞれの地で見聞きし体験したこと、教わったことが、料理研究家としての礎となる。

戦争とその後の混乱で財産をなくし、飯田の戦後は文字通りバラック生活から始まる。料理やお菓子を復興局に売って生計を立てるうち、彼女がつくるシュークリームやアップルパイにひかれた人たちから頼まれたことが出発点となった。

飯田も江上と同じく、料理を研究するために世界を巡っている。一九六〇年以降、欧米から始まる視察旅行で飯田が注目したのは、風土と食材・料理の関係だった。

冬が長く太陽光に乏しい北欧には、ビタミンをたっぷり含むかぶがある。石灰質を多く含む硬水のフランスでは、ワイン文化が発達した。暑いインドにはスパイスがある。

「暑さで減退しがちな食欲をそそるスパイスがたくさん採れます。朝、散歩に出ると、住宅街の若葉ですら鼻をつまみたくなるくらい強烈な匂いを発します。インドでは、葉や木の皮や花びらですらスパイスになります。これらのスパイスは、暑いインドでも一年中腐りません」

このように、料理の背景にまで気を配り、それを正しく伝えようとした料理研究家たちが、創成期の料理番組を支えたのである。

しかし、彼女たちが肌で触れた海外の食文化を、そういう食材を見たことも聞いたこともない一般の視聴者に伝えるのはなかなか難しかったようである。『テレビ料理人列伝』の取材に、飯田は次のように答えている。

「戦前の一般家庭では、洋食といえばお芋のコロッケか、パン粉をつけてフライする魚料理や豚肉料理、生の小麦粉で最後にとろみをつけたようなステュー（シチューのこと――河村注）やカレーが普通の時代でしたから、それをよりよくするための説明は実に大変でした」

テレビの創成期、江上トミや飯田深雪が紹介する『きょうの料理』を見つめた人たちが、実際に家庭で同じ料理をつくったかどうかはわからない。手に入りにくい食材もあっただろう。食べてみて口に合わない料理もあっただろう。そういう人たちが楽しんだのは、むしろ、世界中の未知の料理をテレビで見られるエンターテインメントの要素だったのではないか。

何しろ、当時は日常的に西洋料理を食べることができる人は少なかった。その少ない本物のセレブリティに、庶民は憧れた。身分制度は廃止され、財閥も解体されて農地は解放された。しかし、出身はまだ意識されていた。

誰それは貴族の末裔だ、由緒ある武家の一族だ。あるいは、長年その地を守ってきた大地主の息子だ。江戸時代から続く豪商の娘だといった家柄が、人となりを伝える背景として紹介されていたのである。人々は、出身を背負って生きていた。

セレブリティが担っていたパトロン精神も生きていた。つまり、文化を担って支援する、伝えるという役割である。

自分の出身がついてまわった時代の江上や飯田は、料理という文化を、新しい時代に生まれたメディア、テレビを通して広く深く伝えようとしたのである。

小津安二郎の『お茶漬の味』

戦後浅い時期のセレブリティの暮らしぶりをよく伝えているのが、小津安二郎の映画である。海外でも評価が高い黒澤・小津の二大巨匠のうち、小津安二郎は一貫して都市の中流以上の家庭に起こる小さなドラマを描いている。

小津安二郎の映画を観ると、主役の家族は豊かな暮らしをしていることが多い。和室が何間も続くような家の立派さや、就業時間中にプライベートな用事でやってくる友人をもてなす管理職の鷹揚な態度に、中上流の人たちの生活感がわかる。

『お茶漬の味』は、一九五二（昭和二十七）年に公開された映画である。

東京の閑静な住宅街に広い日本家屋を構えて暮らす佐竹茂吉（佐分利信）と妙子（木暮実千代）夫婦。子どもがいない二人の倦怠期を、映画は描く。

茂吉は商社の機械部部長。素朴で実直な人柄である。主人公の妙子は、女中を二人抱えた身分だが、お嬢さん気分を残している。女学校時代の友人で洋裁店を営む雨宮アヤ（淡島千景）や黒田高子（上原葉子）、大磯の実家に暮らす姪っ子のせっちゃん

（津島恵子）とよく遊ぶ。五月晴れの今日も、夫に嘘をついて修善寺温泉へ行こうとアヤと二人で盛り上がった。

アヤや妙子は、結婚生活にそれぞれ思うところがあるらしい。アヤの夫は飲み屋の女性と浮気しているらしいし、妙子は自分が何をやっても知らぬ顔で構えている夫に手応えがなく退屈している。そんなお姉さまがたを間近でみてきたせっちゃんは、お見合い結婚は不幸になる野蛮な風習だと思っている。

茶の間も夫の書斎も和室の木造の家で、妙子は自分の部屋だけを花柄の壁紙とソファ、シャンデリアで飾り、ベッドに寝ている。夫は和室の書斎でふとんを敷いて寝る。時折、妙子は孤独な表情をする。

茂吉は甥っ子ののんちゃん（鶴田浩二）に慕われ、誘われて流行りのパチンコに行ったり競輪に行ったりする。ある日、のんちゃんに誘われて出かけようとしたところを、お見合いの席から逃げ出してきたせっちゃんに捕まり、押し切られて三人で遊ぶ。

怒って帰ってきた妙子に知られ、夫婦げんかになる。妙子は十日も茂吉と口をきかない。ようやく食卓をともにした晩、みそ汁をご飯にかけて食べる夫に妙子がキレる。

「あなたいつもそうやって召し上がってらっしゃるの？　ふみや、そう？　いつもだんなさま、犬にやるご飯みたいにこんなんして召し上がるの?」

困った顔をする女中に茂吉が言う。

「はいって言えよ。実は君のいないとき、ときどきやるんだ」

「私、いやだって申し上げたでしょ」

「うん。うっかりしてた」

「やめていただきたいの」

「やめるよ。うっかりしてた」と言いつつ、ご飯をすするようにかきこむ夫を見て、妙子は席を立って出ていってしまう。

この夜の会話を通じて、茂吉は長野県の田舎育ちで、都会のお嬢さん育ちの妙子とは好みや生活スタイルが違い、窮屈な思いをしていたことが明らかになる。本当はこの夜、茂吉は急に決まったウルグアイへの出張を報告しようとしていた。だが、この機会に自分の気持ちを伝えようとして、「気安いほうがいい」と言って妙子の怒りに油を注ぎ、肝心の話ができない。

何も知らない妙子は翌日、神戸の友人宅へと出て行ってしまう。茂吉は電報を送る。しかし、出発の日、皆がドレスアップして送る空港の光景の中に妙子の姿はない。間

小津安二郎の『お茶漬の味』。西洋風を好む妙子も食事はちゃぶ台で行う

に合わなかったのである。

その夜。夫のいないがらんとした家で、なかなか眠れない妙子。玄関ブザーが鳴り、茂吉が帰ってくる。飛行機の故障で、出張が翌朝に延びたという。妙子が謝まり、和解する。

茂吉はお腹をすかせているが、もう女中を起こすには忍びないと、二人はまるで若い恋人同士が探検ごっこを楽しむように、勝手がわからない台所へ入っていく。

台所は真っ白いタイル貼りの和洋折衷アイランドキッチンだ。水屋があり、立ち流しがある。茂吉が食べたいのはお茶漬け。お櫃に残ったご飯を見つけ、ぬか漬けを見つける。ホーロー鍋の中のぬか漬けを取り出す妙子。おぼつかない手つきできゅうりを切る妙子に思わず茂吉が言う。

「ううん大丈夫。ちょいとお丼」

食器をお盆に載せ、ちゃぶ台に食事を並べる二人。妙子は、ぬかみそを触った手のニオイをかいで喜ぶ。おいしそうにお茶漬けをかきこむ茂吉を妙子も真似する。しばらく珍しそうにお茶漬けを食べていた妙子は、泣きそうな顔をして手を止めてしまう。

「どうしたの」

「悪かったわ。今まで私、わかんなかったの。ごめんなさい。あなたおっしゃったわね。インティメイトのプリミティブな遠慮や体裁のないもっとらくな気安さ。わかったの、やっと今」

「いいじゃないか。もうそんなこと」

「いいえ。よかないわ。大事なこと、バカね、私」

「いいんだよ、もういいよ。わかってくれりゃありがたいよ。おあがり。お茶漬けだよ。お茶漬けの味なんだ。夫婦はこのお茶漬けの味なんだよ」

「手、危ないよ」

西洋化が進む都会と、旧来の文化を残す田舎。お茶漬けが象徴する文化のギャップを小津監督は描き出した。やがて、この外国食文化の受け入れ度合いによるすれ違いは、夫婦間だけでなく世代間にも広がっていくのである。

(2) 向田邦子が描くちゃぶ台

『寺内貫太郎一家』の食卓

高度成長時代の変化のスピードは速い。ついこの間まで都電が走っていた東京の街は、自動車がふえて電車は地下を走るようになり、頭上に高速道路ができた。憧れだった電気冷蔵庫も家に入る。昭和四十年代になると、豊かになってきた庶民が主役としてメディアに登場してくる。何しろ数が多い。彼らはやがて、中流意識を持って消費経済を支えるようになるのである。

テレビが家庭に行き渡ったのは、一九六四(昭和三十九)年の東京オリンピックあたりからである。そのころから十年ほどの間、お茶の間で高い人気を誇ったテレビ番組が、中流の家族に起こる、ささやかな事件をほのぼのと描くホームドラマだった。『肝っ玉かあさん』、『時間ですよ』、『ただいま11人』……。水前寺清子主演の『ありがとう』は、一九七二(昭和四十七)年になんと最高視聴率五六・三%を記録している。ヒット作をつぎつぎと放ったテレビ局は、ＴＢＳだった。

やがて人気作家として名をなす向田邦子も、このころはホームドラマの脚本を書いていた。『時間ですよ』や『七人の孫』、『だいこんの花』などに参加している。ホームドラマといえば必ず引き合いに出される『寺内貫太郎一家』も向田の脚本である。

『寺内貫太郎一家』第一シリーズの放送は一九七四（昭和四十九）年、放送局はもちろんＴＢＳである。東京の下町、谷中に住む三世代家族の主人は、石屋を営む寺内貫太郎（小林亜星）。妻の里子（加藤治子）、娘の静江（梶芽衣子）、息子の周平（西城秀樹）、母のきん（悠木千帆・のちの樹木希林）、そしてお手伝いのミヨコ（浅田美代子）とひとつ屋根の下で暮らす。すぐ近くのアパートに独り者の従業員、岩さん、タメ公が暮らしている。

二十三歳の静江は明るい性格だが、足を少し引きずる。子連れで離婚歴のある男性と恋愛中で、これが騒動の元になる。周平は浪人中。石屋を継ぐより新しい社会に飛び出したいと願う、流行に敏感な若者である。きんは、意地悪を売りにしつつ実は恥ずかしがりの老人で、その性格を受け継いだ貫太郎もすぐに怒鳴って手を出すが根は優しい。妻の里子に心底惚れている。里子は料理や裁縫は得意でないが、家族や従業員を気づかい相手を立てるのが上手な主婦である。

デコボコはあるが互いの幸せを願い、周りの人たちを大切にする。小さな世界で小さな幸せをつむぐ家族の物語である。

ホームドラマは、別名飯食いドラマと言われたほど、食事のシーンが多い。家族がそろって和室でちゃぶ台を囲み、ご飯を食べる間に物語が展開するのだ。小説版『寺内貫太郎一家』（新潮社）では、たとえばこんな風にちゃぶ台の場面が始まる。

「貫太郎一家の食事は賑やかである。

特に周平ときんの並んだあたりが騒々しい。今夜も周平が沢庵を三切れはさんだことからもめ始めた。

『沢庵なんて三切れだって四切れだっていいだろ！』

『そうはいかないよ。三切れは「身を斬る」っていって縁起が悪いんだよ』

『じゃあ返すよ。一切れならいいだろ』

『一切れもいけないんだよ』

『どうしてだよ！　ばあちゃん』

いつもなら『うるさい！　静かに食え！』とどなる貫太郎が、

『一切れというのはな、「人を斬る」といってよくないんだ』

今夜は珍しく話の仲間に入る。おまけに、そういうのは古い、今は流行らない、と突っかかる周平に、昔の古い言い伝えも捨てたもんではないぞ、と馬鹿に当りがやわらかい。里子と静江は顔を見合せた。お父さん、少しおかしいわよ、という女同士のサインである。おまけに機嫌がいいくせに、お代わりをしない」

その夜、貫太郎は元大関で相撲解説者をしている親方を客に呼んでいた。石材組合が地元の神社に土俵を寄進したので、親方に土俵入りのやり方を教わろうというのである。そこへ、張り切った従業員のタメ公が飛び込んできて、パンツ一丁で太刀持ちを買って出る。寒い中無理をしたタメ公は、翌日三十九度の熱を出し、貫太郎の家で一晩休ませてもらうことになる。温かい家庭で行き届いた看病を受け、身寄りがいない寂しさをいつにもまして感じるタメ公が、この回は主人公である。

毎回違う人物が主役になり、それぞれの人生や思いが垣間見える構成になっている。食事のエピソードにもそれは象徴的に表れる。たとえば、周平の合格発表を待つ回。用意されるごちそうは二段構えで、合格すれば鯛の刺身と蛤の吸いもの、不合格ならライスカレーの予定だ。家族が食べたのはライスカレーである。

両親を亡くして上京したお手伝いのミヨコが、年齢が近いこの家の姉弟と自分の境遇を比べて悩む回。いつもの貫太郎のかんしゃくがやけに気に障り、おかみさんに謝れとタンカを切ってミヨコはハンストに入る。何とか食べさせようと里子が選んだ夕食のメインディッシュは、エビフライだ。

若い世代は洋食を好むが、年寄りを大切にする寺内家は、ふだん和食にしている。その気づかいがはっきり表れるのが、きんが団体旅行で熱海に出かけて不在の夜のエピソードだ。

「その夜の茶の間からは、牛肉のオイル焼きの匂いが流れていた。
『ああ、やっぱりオイル焼きはうまいよなあ』
周平が感にたえたように言うと、貫太郎も盛大にパクつきながら、
『牛肉はステーキかこれだな』
『おばあちゃんがいると、こうはゆかないわね』
オイルを足しながら静江も相槌を打つ。
『おばあちゃん、すき焼きが好きだから』」

油で肉を焼くことを、わざわざオイル焼きと呼んでありがたがる寺内家の人々。こ

のころ、便利で暖かい板の間キッチンが広まっていた。もちろん立ち流し式。

全国各地にガスが行き渡り、強い火力が必要な揚げもの、炒めものが簡単にできるようになった。油分やニオイを屋外へ出す換気扇も普及した。おかげで寺内家でも、特別なお祝いの日でなくても、エビフライや精進揚げが食卓に並ぶ。

油脂を使った料理は、政府のおすすめでもあった。戦後、食糧事情の悪かった時代のカロリー不足が日本人の体格を貧弱にしている、と昭和三十年代に油炒めをさかんに奨励していた。

べたつく油脂を使った料理がふえると、食器洗いや台所の手入れに手間がかかる。それはこの時代に生まれた新しい主婦の悩みだった。台所用の洗剤がライオン油脂から売り出されたのは、一九五六（昭和三十一）年だった。

洋風好みの『主婦の友』

油脂を多く使うのは、洋食や中華料理である。みそ汁、煮もの、おひたしなどの定番の和食は油脂をほとんど使わず調理ができるが、洋食や中華は材料を炒めることから始まる料理が多い。換気扇が入った台所で、洋食や中華がどんどんつくられるようになった。

新しい料理を身につけるために、昭和前半に生まれ育った新世代の主婦たちが教科書にしたのは、テレビや雑誌、本などの料理メディアだった。主婦雑誌が最も売れたのは一九七〇（昭和四十五）年で、『主婦の友』、『婦人倶楽部』、『主婦と生活』、『婦人生活』の四大婦人総合誌が一カ月で合計二百二十五万部も売れた。どの雑誌も、料理や裁縫、育児、性生活に至るまで、主婦生活に関わる知識全般を紹介していた。

少し前までなら、親から教わったり、地域の人たちと情報交換をして覚えたような類の知識である。実はこのころ、上の世代から下の世代に生活の知恵が伝わらなくなってきていた。その謎を解く鍵が、食卓にある。

一九七〇年の『主婦の友』を手がかりに、当時の若い主婦たちの台所をのぞいてみよう。

今や郷愁の対象となった料理がいくつも紹介されている。ハンバーグにハヤシライス、コーンスープ、ポテトサラダ、マカロニ野菜サラダ、エビフライ、ポテトコロッケ、クリームコロッケ、ギョーザ、八宝菜、麻婆豆腐、エビのグラタン。

このラインナップは、隣にご飯の入った茶碗が思い浮かぶ。西洋料理というより、日本的にアレンジされた洋食だ。それから日本的な中華料理。ここに出てくるギョーザは焼きギョーザであって、中国でポピュラーな水ギョーザではない。洋食・中華にアレンジされた料理は、この時代のメディアから当時の若奥さんたちに伝えられたのである。

レシピというのは便利なもので、食べたことがなくても書いてある手順にしたがえばちゃんとつくることができる。高度成長期の主婦たちは、雑誌などのレシピをお手本に、次々と新しい料理に挑戦していったのだ。

洋風好みは、年中行事の正月にも表れる。一月号の正月料理特集では、最初こそ「伝統をいかして」と、ごまめ・黒豆・柿なますなどで構成されたお重を紹介するが、そのほかに四パターンの異なるアレンジを紹介する。

「型どおりにする必要はありません」とする牧野哲朗の提案は「ボリューム本位の洋風おせち」で、エビフライやポテトサラダを富士山の形に盛った「マウンテンサラダ」、「ポークロースト」などがつく。なんとなくお子様ランチ風である。正月料理も『主婦の友』の手にかかれば、ままごとになる。料理することがイベント化し始めている。

この特集で注目したいのは、藤田富貴・城戸崎愛の「日もちのよいお正月のおかず」のリードに書かれた次のような文章だ。

「暮れからお正月にかけて冷蔵庫は満員。そんなとき、暮れに作って三が日はじゅうぶんもち、しかもいろいろにアレンジしやすい便利なご自慢料理があれば、おせちに飽きたお客さまにもおかずにも安心」

年中行事には決まった料理を毎年用意し、食べることが喜びとされた時代は過去になっている。

高度経済成長は、社会全体を豊かにした。使用人がいるセレブでなくても、生活にゆとりがある。そして、この時代以降、主婦たちを悩ませることになる日替わり献立の習慣が、庶民にまで行き渡る。『主婦の友』も旗振り役の一つだった。

たとえば、九月号のパン食メニューの提案。このころになると、人々はすすんでパンを主食に選び始めている。一九六〇（昭和三十五）年に米を食べると頭が悪くなる、と宣伝した本が売れたあとで、パンのほうが体によいというイメージもあった。だが、洋食を採り入れはじめたばかりの庶民に、パンは食卓になじみにくかったのだろう。そういうことを意識した特集の見出しは、「毎日のパン食をよりゆたかにするために」。東畑朝子のレシピのリードはこんなふうだ。

「パン食のおかずは洋風ときめてしまわずに、もっと自由に考えてみましょう。みそ汁でもひじきの煮つけでもいいのです。そう思うと、使う材料にも、また献立にも幅が出て、思いがけずに新しいパン食が生まれます。さあ、あなたもユニークなパンのおかずを作ってみてください」

そのおかずは、スープから始まって、「豚汁」、「牛肉のしょうゆ煮」、「しらす干し入り洋風炒り卵」などを紹介し、「ジャム、サラダのかわりに」と、「角切り野菜の塩水漬け」、「さつまいもとかぼちゃの甘煮」などと続く。ご飯をパンに無理やり入れ替えた感がなくもない。

昭和三十年代に、セレブの料理研究家たちが伝えようとした西洋料理の世界は、すでに遠のき始めている。和・洋・中・エスニックと何でも組み合わせる日本の食卓のバリエーションは、このあたりから拡大しはじめている。

日々の食卓はどんな内容なのだろうか。『主婦の友』は、ときどき一カ月分の夕食の献立を紹介している。教科書通りにやっているうちに、献立の立て方が身につくというわけだ。

三月号の献立カレンダーを一週間分取り出してみる。

一日＝「ゆずみそおでん」、「鶏肉とブロッコリーの炒め」
二日＝「ひじきとあぶらげの煮つけ」、「えびフライ」、「とうふのそぼろあんかけ」
三日＝「ひな祭りのおすし」
四日＝「かき揚げ」、「とうふのみそ汁」、「うるめいわしの丸干し」、「小松菜のごまあえ」
五日＝「ポテトコロッケ」、「フレンチサラダ」、「肉入りきんぴらごぼう」
六日＝「厚揚げとひき肉の中華いため煮」
七日＝「白身魚のクリームソースかけ」、「小松菜とあさりのむき身のからし酢みそあえ」

和食だけの組み合わせは二日間だけで、残りの五日間は洋食、中華が入ってきている。

読者が育った家庭で、日替わり献立の食事をする習慣はなかったはずだ。大根の季節は大根ばかり、青菜の季節は青菜ばかり。昭和の前半ぐらいまで、手に入る材料が限られ食べるものが決まっていた庶民に、バラエティ豊かな食卓の日常はなかった。

階級が意識されなくなるほど国全体が豊かになったおかげで、庶民も年中何でも手に入れられるようになった。その結果、主婦たちは食材を選び、献立を決める方法を学ばなければならなくなった。レパートリーがふえると、組み合わせは何通りにもふえる。ご飯にみそ汁、漬けものに何か一品をつける、というくり返しではすまなくなる。

もう一つ気になるのは、この一週間の献立を忠実に実行するとなると、毎日新しい食材を買いそろえ、一から腕をふるって何品もつくらなければならないことだ。野菜を使い回したり、まとめてつくった副菜を続けて出すといった効率や経済性を配慮する発想はどうやらないようだ。

八月号では、世に出始めたインスタント食品や冷凍食品を使った特集も組まれている。主婦の仕事がふえると、すぐにその手間を省く商品が生まれて広まる。皆が豊かになり消費の拡大が経済成長につながる時代になって、消費者をらくにする、楽しませる商品が次々と開発されて広まるようになった。

インスタント食品やレトルト食品、冷凍食品がこの時代に生まれたのは、技術が進んだからだけではない。批判ばかりされる加工食品が、スーパーの棚いっぱいに並び続けるのは、もちろん消費者に支持されているからだ。

ロールキャベツ人気の秘密

もう一つの目立つ特徴は、手の込んだ料理がひんぱんに紹介されていることだ。炒めた材料にホワイトソースをつくってかけ、オーブンで焼くグラタン、ゆで卵をそぼろにした「ミモザサラダ」、「鶏ひき肉と野菜の卵巻き揚げ」、「白身魚のチーズフライ」といった一手間かけた料理がしばしば出てくる。

当時の人気料理にロールキャベツやハンバーグ、グラタンなどがあるが、それらは洋食屋の看板料理である。同じくギョーザやシューマイは中華料理屋の人気メニューである。どれも手間がかかるから看板になる。そして、それらの家庭料理はやがて加工食品の人気商品になっていく。

主婦が、プロ顔負けの料理を、プロも求められないレパートリーの豊富さで手づくりする。プロの大半は毎日決まった料理をつくり続けるのが仕事だが、主婦は和洋中なんでもござれで、さらに新たなレパートリーを加え続けなければ、家族を飽きさせてしまうかもしれない。レパートリーが豊かで料理上手なことが当たり前になると、主婦のやるべき料理のハードルはさらに上がっていく。見栄えも重視されるようになるのだ。

NHKの『きょうの料理』がカラー放送になったのは、一九六六（昭和四十一）年だった。一九七〇年には、オールグラビアの雑誌『アンアン』も創刊されている。カラーで料理を観られる時代になって、今まで見た目など気にしなかった人々も、彩りがきれいな料理はおいしそうに見えることを覚えた。というより、見た目がよくないと恥ずかしい、という風潮がメディアに表れ始める。そんな時代の空気を、一九七〇年の『主婦の友』も敏感に読み取っていた。

カラーページで組んだ「ママのおべんとうボク大好き」という三月号の記事を紹介しよう。

「ママの作るおべんとうはイカスんだ。とってもきれいで、どれから食べようかって迷っちゃう。お友だちがいいなアっていつものぞくんだよ。ボク、ママのおべんとう、大好き。」

というリードで始まり、子どものセリフに仕立てた見出しがつく。

〝のり巻きは食べよくて好きサ〟——のり巻きべんとう

〝ウインナを見ると自然に手が出ちゃう〟——ロールサンド
〝レストランで食べるみたいにおいしいヨ〟——サンドイッチべんとう

という調子で、キャラ弁の元祖のような世界が広がっている。もはや鮭に卵焼きがあれば子どもが喜ぶ時代ではなくなったらしい。

品数をそろえ、日替わりにして、彩りをよくして、ときどき手の込んだ料理で目先を変え、つぎつぎと新しい料理を披露する。料理に手をかけることを求められ、主婦たちがそれに応えたのは、そこに彼女たちの存在意義をかけた闘いがあったからだ。

便利になったこの時期、主婦の家事時間はふえている。NHKが五年ごとに行っている生活時間調査によると、平日の女性全体の家事時間は一九六〇（昭和三十五）年から一九六五（昭和四十）年にかけて十二分へって四時間十四分になったが、一九七〇年には二十三分もふえた。この十年間に、ガスと水道が行き渡り、板の間キッチンが入って、電気冷蔵庫や炊飯器が普及しているにもかかわらず……。

生活が便利になる前、主婦は一日家事に追われていた。水くみ、火おこしから始まる台所仕事、手洗いしないといけない大家族の洗濯もの、子どもや老人の世話、農作業など家業の手伝い、漬けものや乾物などの保存食づくり、夜なべ仕事の繕いもの。

水道やガスが通り、食材が手軽に買えるようになり、家電が入って、手伝うべき家業がなくなった。家族の人数もへった。

時間にゆとりができて、働きに出る主婦がふえた。一方で、子どもを抱えていたり、量はへっても細切れに時間をとられる家事との両立ができず家に留まった主婦も多かった。妻が専業主婦であることを男の甲斐性とする風潮もあったし、女性を雇いたがらない企業も多かったからだ。

ヒマができると罪悪感が生まれる。働いていない理由をつけるために、彼女たちは主婦業のプロフェッショナルになろうとした。プロ意識を持って取り組んだ家事の一つが、成果が表れやすい料理だった。

食卓を豊かにできたのは、さまざまな食材が年中手に入るようになったからだ。サラダが毎日並ぶようになるには、それだけの環境が整わなければならない。

一九五〇年代、あちこちにスーパーマーケットが生まれて成長し、さまざまな食材を安く安定的に供給するようになった。一九六〇年代後半には、生産地から店まで食材を冷やしたまま供給するコールドチェーンシステムができて傷みやすい魚介類や肉、乳製品、生鮮野菜などが手に入りやすくなった。流通が変わったのは、もちろん食材をたくさん生産あるいは供給できるようになったからだ。

冷凍その他の技術向上によって魚介類が豊富に出回るようになった。機械化をすすめ化学肥料・農薬をたくさん使い、土壌改良や開拓事業をすることによって、農産物をたくさんつくれるようになった。ビニールハウスを使って、年間を通して野菜を安定的に供給できるようになった。畜産や酪農も奨励された。アメリカからブロイラーが入ってきて、鶏肉や卵が安く大量に出回るようになった。

三月号の「卵で作るスピード朝食献立」は、卵が安くなった時代ならではのテーマである。パン向きの献立として紹介される、「ゆで卵のレタス巻き献立」には「ゆで卵のレタス巻き」、「フレンチトースト」、「即席コーンスープ」が、「チーズオムレツ献立」には、「チーズオムレツ」、「キャベツのサラダ」、「即席コンソメスープ」がつく。どれもボリュームたっぷりで十分ないし十五分で完成する。

卵は、少し前まで高級食材だった。栄養不足が原因で起こる肺の病に、滋養のある食品としてすすめられた。『きょうの料理』一九五九(昭和三十四)年三〜四月号では、卵の扱い方を伝える「便利帖」のコーナーで、わざわざ「卵は洗わないこと」と書いていた。卵なんて触ったことがない主婦がいたのである。

肉や魚が毎日毎食並ぶのも、庶民には考えられないぜいたくだった。豆腐や油揚げなどの大豆加工食品を中心として、だしをとるために入れたいりこ、蜂の子、浜でとってきた貝などが、庶民が日常口にするタンパク源だった。刺身をのせたすしがごちそうとされるのは、ナマの魚が手に入りにくい高級品だったからだ。

高度成長期の食生活の変化は、食料消費量からもわかる。

総務庁の家計調査によると、鶏肉の一世帯あたりの年間購入量は、一九六三（昭和三十八）年には三〇六六グラムだったが、一九七〇年には八六五四グラムと三倍近くまでふえている。牛乳は一九六三年と比べて二倍以上にふえている。スーパーでリットル買いできるようになった牛乳などの豊富な乳製品が供給されて、クリームシチューやグラタンなどが、日常的につくれるようになった。

野菜はこの時期に、レタスやきゅうりといったサラダ向きの素材の消費量がふえ、和食向きの白菜、ほうれん草、さつまいもなどがへっている。食用油の消費量はもちろんふえている。

「家つき、カーつき、ババアぬき」

高度成長期に大きく変わったのは、食生活だけではなかった。『寺内貫太郎一家』がウケたのは、従業員の生活も面倒をみる自営業の三世代家族が、懐かしいものになりつつあったからである。このころ、主流になり始めていたのは、都会に住むサラリーマンの核家族だった。

焼け跡から再出発した日本は、戦後わずか二十年ほどで先進国に仲間入りした。工業製品をつくる企業を中心に経済が急成長したからである。

都会が人手不足になり、地方から東京・大阪へ中学・高校卒の若者たちを集める集団就職が行われたのは、一九五四（昭和二十九）年から一九七六（昭和五十一）年にかけてのこと。田舎で、親族や近所の人たちに囲まれ、安心しつつ窮屈さも感じながら、自家製の野菜や米を食べて育った若者たちは、都会でまるで違う生活を体験した。大都会は彼らを孤独にすると同時に、階級や地域によって決まりごとの多かった生活から解放した。

特に男性に地方出身者が多かったことは、『主婦の友』の記事からもうかがえる。十月号では、新婚妻に対する「クッキングアドバイス」というコーナーにこんなQ＆Aがある。

「1．主人の好みの味がつかめません」

「デパートの地方物産展などで、だんなさまのふるさとの食べ物を求めてきて、研究してみる心がけもたいせつ。だんなさまは、お国の味を必ず求めています。」

ふるさとを離れた夫と都会育ちの妻は、食べてきたものが違う。自分の家で受け継がれてきたものだけでなく、相手の好みも取り入れ、新しい家庭の味を築きあげていかなければならなかった。

この時代に、洋食・中華が受け入れられ浸透していったのは、異なる食文化を背景に持つ夫婦が、たくさん生まれたからである。和食の味つけやだしのとり方についでは、夫婦の好みが違っても、洋食・中華はあまり食べたことがない。新しい味は、出身の違う夫婦に好都合だった。急速な都市化は、新しい食文化を育てたのである。

都会には、自営の町工場や商店もあったが、その多くが成長したりつぶれたりして、企業に勤める人の割合はふえていった。町の酒屋がスーパーになったり、町の工場が成長する企業に吸収された。自営業を続けるところもあったが、ふくれあがるサラリーマン人口に比べると、彼らは一部分に過ぎなかった。一九五五（昭和三十）年には働く男性の半分しかいなかったサラリーマン・公務員の割合が、一九七〇年には七割を超えていた。

サラリーマンの給料は、勤続年数を重ねれば上がっていく。若いサラリーマンは次々と結婚して、アパートや団地やマンションに住んだ。子どもが生まれて集合住宅が手狭になると、ローンを組んで郊外に家を建てる。持ち家政策という政府の後押しもあった。

どんどんふえる若い世代の住まいには、板の間の立ち流し式キッチンが備えられていた。暗い土間にはいつくばって野菜を洗って切り、薪で火をおこしてかまどを見守る作業は必要なくなった。近代的な住まいに、人々は先を争って冷蔵庫やテレビなどの家電製品をそろえていった。仕事がらくになった台所の主人は、主婦となった若い女性たちである。

夫たちは、仕事とそのつき合いに追われて家を空けるようになった。妻や子どもたちの生活を一人で支えなければならないのだから、会社をクビになるわけにいかない。ローンを組んで家を建てていればなおさらである。夫不在でまわる核家族の家は、妻の天下になった。

主婦たちが料理にエネルギーを注いだのは、それが自らの存在証明になったからだけではないだろう。気がねなく使える便利な台所、豊かな材料、そして新しいことを次々に教えてくれる主婦雑誌などの料理メディア。戦争が終わったころ皆が憧れていたものが、今は手に入る。そして目の前には自分の城。

そもそも、専業主婦という立場自体、高度成長期が始まるくらいまでは、若い女性たちの憧れだった。しかし、あっという間に豊かさは行き渡り、サラリーマンが珍しくなくなり、専業主婦も珍しくなくなった。

家業の手伝いに追われ、父親や舅姑に言われるままの母親を見て育った若い女性たちは、サラリーマンと結婚して近代的な家に住み、台所の主人になること、そして古い風習を守ろうとする親を背負わない生活に憧れた。当時の若い世代の合言葉は、「家つき、カーつき、ババアぬき」である。

『だいこんの花』の嫁修業

一九七四年九月〜一九七五年三月にNETテレビ（現テレビ朝日）で放送された向田邦子脚本のドラマ『だいこんの花』（第四部）には、親を抱える若者たちの悩みが描かれている。新潮文庫に収録された脚本は、元海軍大佐の永山忠臣（森繁久彌）と次男で女性週刊誌編集部に勤める誠（竹脇無我）の親子をめぐるホームドラマである。

忠臣の妻は息子たちが子どものころに亡くなっており、サラリーマンの出世コースに乗った長男の勇（長谷川哲夫）は大学教授の娘、悦子（真屋順子）と結婚して、マンションの部屋で朝食にパンを食べる洋風の生活をしている。悦子が、細かいことにうるさい忠臣の性格をがまんできないため、長男夫婦は忠臣と同居しない。

誠実な誠は父を抱えて結婚しようと望むが、最初につき合っていた恋人は、舅との別居を結婚の条件にしたため二人は別れることになる。父親のことで勇とケンカすると、誠は「年寄りと一緒に住んでない人間にゃ分かんないよ」と切り札を出す。

ほどなく誠は、会社の先輩と行ったバーに勤めるまり子（いしだあゆみ）といい雰囲気になる。二人がひかれあうきっかけも、やっかいな親の存在だ。まり子が「これがうちの父です。胸張って人に紹介できる人が本当に羨ましかった」と言うと、誠は「ぼくも同じだなあ」と返す。

古い時代を知っていて戦争を体験した親世代と、新しいものがどんどん登場して大きく変わる世の中を見ながら育った若い世代の価値観はかみ合わない。若者たちは、親を振り捨てられるなら捨てたいと心のどこかで願っている。確執が深くなるのは、人間関係が濃いからである。

しかし、ドラマでは人間関係の濃厚さが家族以外にも広がっていて、周囲のおせっかいが深刻な対立から永山親子を守っていることも描く。さまざまな人からみた忠臣の横顔を描くことで、実はかわいげもある彼の側面も描き出すことに成功している。

忠臣は、近所に住む海軍時代の部下二人とつるんで楽しく過ごしている。一人は日高という名前の小料理屋を夫婦で営み、一人は酒屋を営んでいる。二組の夫婦は、半ば面倒に思いながらも始終忠臣を心配し、いないと寂しがったりする。店で飲ませたり、酒を割引いてやったりする。上官命令で料理を持参することもある。

二人の妻たちは誠を息子のように気にかける。誠の会社の先輩や上司も、誠のあれこれを心配し、忠臣とも知り合って家に上がる仲になる。永山親子の周囲には親戚同様のつき合いをする人々がいて、深く関わりあう中で物語が動いていく。

物語の核になるのは、誠とまり子の恋愛であり、まり子の妊娠に至る新婚生活である。まり子には、娘のヒモのような状態でブラブラと暮らし、娘を口実に人を脅すようなチンピラで小心者の父親がいる。町工場を経営していたが倒産して妻を亡くし、恋人のもとで暮らしている。

困った父親の存在と、まり子の職業を嫌がって、忠臣は最初二人の結婚に反対する。それが周囲のとりなしもあって認め、やがて素直で優しい彼女の性格を気に入るようになっていく展開が見せ場である。

誠とまり子がカップルになるまでの物語で、飲食に関わるシーンは外食が中心だ。日高や、誠が勤める編集部と同じビルにある喫茶店、まり子が勤めるバー、てんぷら屋、ラーメン屋やおでん屋の屋台で物語は動く。永山家での食事に関する記述は少なく、ご飯とみそ汁の朝食をとっているらしいこと、夜に鍋ものをすることがある程度である。

周囲がとりなしたかいあって、誠がまり子とつき合うようになると、食卓に関わるシーンが急にふえる。まり子がバーを辞めて永山家の近所に引越し日高で働き始めると、忠臣が、行儀見習いの名目で毎日家事手伝いに来るよう仕向けるからだ。以降、毎回のように忠臣はまり子に家事のイロハを仕込んでいく。お茶の淹れ方、掃除・洗濯の仕方、おせちの材料の選び方、漬けものの漬け方、だしのとり方、塗りのお椀のしまい方。

亡くなったまり子の母親は、内職に追われて娘に家事を仕込んでいなかった。忠臣は、まるで姑が嫁をしつけるように、まり子に心得を教えていく。忠臣を女性に置き換えれば、ドラマ「だいこんの花」は立派に嫁姑の物語として成立している。たとえば、ある夜の台所はこんな具合だ。

「まり子が忠臣に叱言をいわれながら、大根の千六本をやっている。うしろで、のぞきながら気をもんでいる誠。（帰ってきたばかりの感じ）

忠臣『トントントントントントン。もっと軽やかにトントントントン……あーあ、包丁ってのは、おっかないもンじゃないんだから、……ね、左手の爪、スレスレのとこを、……トントントントン』
まり子『トントントントン』
忠臣『口でトントントンいったってね、大根は切れないの。ね、ハイ、トントントントン』
誠『お父さん！』
忠臣『大きな声出すと手切るだろ。はいトントントントンあーあ、何ですよ。え？ これじゃあ千六本てよか十六本ですよ。まり子さんあんた、今まで、千六本、やったことないの？』
まり子『うち、おみおつけの実は「いちょう」に切ってたんです』
忠臣『永山家は、大根のおみおつけは千六本と決ってるの』
誠『切り方なんて千六本だろうといちょうだろうと、腹ン中へ入っちまえば同じだろ』
忠臣『お前はあっちいってなさいよ。ノコノコ台所へ出てくる男は出世しないぞ』」

料理の基礎が身についていないまり子は、昭和前半に生まれた当時の若い女性の代表である。この世代は、家事の基礎を知らないまま主婦になった女性が少なくない。

戦争で母親を亡くした。少女時代は食糧難で、まともな食生活ができなかった。早く親と離れて都会に出たので、家事を習う暇がなかった。親や姑と対立していて、料理を学ばなかった。女中奉公で働きながら家事を学ぶ生き方も、過去のものになっていた。

かわりに繁盛したのが料理教室で、高度成長期には、嫁入り前や結婚したての女性たちが、教室に大挙して料理を学んだ。もっと大勢の人が利用したのは、テレビや雑誌などの料理メディアである。

若い世代の知識と技術の不足にいち早く気づいたのは、NHK『きょうの料理』のスタッフたちである。

番組が、初めて純和風な正統派正月料理特集を組んだのは、一九六七（昭和四十二）年十二月号。テキストも三十万部を売る大人気となり、以降、料理の基礎を教える特集が組まれていく。

郷土料理その他の和食にも力が入るようになった。このころから番組で人気者になった料理研究家は、「姑が嫁を躾けるよう」に台所での立ち居振る舞いの基礎から教えた辰巳浜子や、江戸時代から続く近茶料理家元で伝統的な食文化も教える柳原敏雄、粋な着物の着こなしと青森なまりが愛されたみちのく料理屋の女将、阿部なをなどだった。

親から子へと料理が伝えられなくなっていく時代に、メディアが親のかわりを務めたのである。もちろん、子どもたちの誰かに親の面倒をみる役割は変わらず背負わされていて、昭和の後半は嫁姑の対立を描いたドラマが主婦たちの共感を得ていくことになる。

教科書的でときに姑の立場にも立つ『きょうの料理』に対し、『主婦の友』は、その名の通り主婦に寄り添う味方だった。一九七〇年十月号の新婚料理特集では、新婚夫婦の会話をなぞらえた見出しから当時の主婦像が透けて見える。

「夫『帰ってから二時間半も待たせることがある。せめて一時間くらいにしてほしい。』

妻『ごめんなさい。お料理の手順が悪いのよね。きっと。』」

この会話に続くのは、調理のタイムスケジュールと献立例である。メインディッシュは「ハンバーグチーズ焼き」と「あじのムニエルトマトソース」の二通りだ。

「夫『とんカツがうまいと言えば一週間もとんカツ、おかずにバラエティーがないんだなあ。』
妻『おっしゃるとおりね、勉強しておかずのレパートリーをふやします。』」

この会話の後に出てくるのは、「くり入り酢豚」や「あじの中華風いため焼き」といったアレンジ料理の紹介である。

料理する習慣が身についていない自分に焦りを感じる新婚主婦。対する新婚夫は、不満を言いながら、自分は何もしない。

古い習慣をいやがる若い世代でも、家事いっさいは妻がやるべき領域だった。養ってくれるのは夫なのだ。しかし、口では夫に従いつつ、妻が並べる料理は、目新しい洋食・中華の料理だった。

急激に変わる時代の中で、旧世代と旧来の習慣に反発する新世代の女性たち。今の時代からみると、まだまだ古い慣習や人間関係を引きずっているが、それでも立場は確実に母親世代より向上している。そして、台所は彼女たちのものだった。

時間ができた主婦たちは家庭料理のハードルを一気に引き上げ、新しい時代の台所で新しい味を創り出そうとしていた。

高度成長期の若い主婦たちは、メディアを片手に家庭料理革命を成し遂げたのである。

《コラム》調味料が変えた家庭の味

農家だったカゴメの創業者がトマト加工事業に乗り出したのは、明治の時代、生のトマトがまずい、と食べてもらえなかったからである。一九二五（大正十四）年に売り出されたキユーピーのマヨネーズも、最初はポマードと間違える人が出た。雑誌や広告の宣伝効果が出て昭和十年代には消費量が伸びるが、戦況悪化で洋風化の波は止まる。

洋食化が本格化したのは、アメリカへの憧れが高まった一九五〇年代である。まず、エスビー食品が一九五二（昭和二十七）年、「テーブルコショー」を発売。「『主婦の友』で塩・こしょうをして、という表現が必ず入るようになって伸びました」と広報の高井真さんは話す。

マヨネーズやトマトケチャップの消費量が大きく伸びたきっかけは、容器を改良したことだった。カゴメは一九五七（昭和三十二）年に広口ビンに、一九六六（昭和四十一）年にプラスチック容器に替える。キユーピーがビン入りマヨネーズをプラスチック容器に替えたのは一九五八（昭和三十三）年。どちらも片手で扱える容器になって、すっかり定着した。

左は1967年のカゴメの広告。右はガラス製のキユーピーマヨネーズの容器

一九七八（昭和五十三）年は、中華のエポックがあった。キユーピーは中華ドレッシングを出して人気を得る。餃子の王将が首都圏に進出。味の素が家庭でも本格中華の味で調理できる合わせ調味料のクックドゥを出す。

クックドゥは便利だったが、大きな成長軌道にのるには十年を要した。「現在もそうですが、炒めものといえば塩・こしょうにせいぜいしょう油という人が多かった」と同社家庭用事業部の古川光有さんは言う。味の素はその間、CMや店頭での紹介を通じて啓発の努力を続けた。

九〇年代になると、オイスターソースや豆板醬、スパイス、ハーブなど外国の基礎調味料が本格的に家庭に入っていく。

バブル期のグルメブーム、海外旅行ブームで本場の味を知る。『オレンジページ』などが、使い方を啓発する。一九九三（平成五）年から『料理の鉄人』（フジテレビ系）も始まり、外国の調味料を使う場面を目の当たりにする。

世代交代もあった。九〇年代に主婦になったのは、洋食を食べて育ち、外食経験も豊富な世代である。味の経験値が高まって、あらかじめスパイスなどをブレンドしたマヨネーズやトマトケチャップではなく、自分で基礎調味料を組み合わせて味をつくる人がふえたのである。

二〇一〇年前後になると、今度は逆にかけただけで味が決まる合わせ調味料が大ヒットする。食べるラー油、ポン酢ジュレ、キユーピーの「具のソース」……。調味しなくていい商品は、若い世代に人気だ。

レストランからレトルト食品まで、今や世界の味が身近にある。外食・中食のレベルも上がった。若い世代は洋食に出合った驚きも、本場のイタリアンを知る感動も経験しない。その肥えた舌に、腕が追いつかない。まずは、確実においしい加工調味料を食材と合わせることから、料理を始める時代になったのである。

第二章　「本格外国料理を食べたい」——昭和後期

（1）料理上手は誰のため？

『金曜日の妻たちへ』の食卓

高度経済成長期はホームドラマの時代である。都会へやってきた大勢の若者たちが、家庭を持つことに憧れていた。戦争で家族を喪った人たちも、大家族を中心に温かい人間関係を描いたホームドラマの世界に憧れ夢中で観た。

しかし、オイルショック後の昭和後期になると、家庭を持ち子どもを育てるのはふつうのことになり、家を構えることも届かない夢ではなくなった。家電はもちろんオーディオも車も手に入った。憧れのものをひと通り手にした人々は、平和な時代の豊かさの中で退屈していた。

ホームドラマは衰退し、かわりに人気になったテーマは恋愛である。衣食住が足りた人々は刺激を求める。情熱を燃やす何かを探していた人々は、恋愛ドラマの次々変わる場面展開に夢中になった。

日本で恋愛が一般的になったのは、昭和後期である。高度成長期に恋愛結婚は見合い結婚を上回るようになったが、しかしそれはまだ、結婚を前提としていなければ交際が認められないという段階だった。

七〇年代になると、メディアの中の恋愛を楽しむ文化が生まれた。同棲を歌ったフォークソングが若者の人気を呼ぶ。疑似恋愛の対象となるアイドルが誕生してテレビの前の若者を釘づけにする。少女マンガが恋愛を描く。

日本中が恋愛ブームに浮かれたのは、九〇年前後のバブル期である。とんねるずが司会する合コン番組、『ねるとん紅鯨団』（フジテレビ系）や、おしゃれなライフスタイルとともに都会の恋愛を描いたトレンディドラマが流行った。

連続ドラマの中心視聴者が、主婦から独身女性へと移る転換期の作品が、鎌田敏夫脚本の『金曜日の妻たちへ』シリーズ（TBS系）である。家庭を持った男女の恋愛を描きながら、生活の重みがあまりなく、青春を引きずった大人たちの純愛ストーリーがウケた。不倫という言葉が生まれて流行る一方で、舞台となった東急田園都市線の街は、憧れの対象になった。ドラマの見どころは、群像劇の主役となる女性たちのライフスタイルにもあった。

小林明子が歌う主題歌「恋におちて——Fall in Love」も大ヒットした『金曜日の妻たちへⅢ　恋におちて』は、一九八五（昭和六十）年八～十二月に放送されている。

東急田園都市線つくし野駅周辺の瀟洒な住宅街に住む、おコマこと山下由子（小川知子）、ノロこと遠藤法子（森山良子）、タケこと秋山彩子（篠ひろ子）は、幼稚園から短大まで青葉女学院に通った幼なじみの三十六歳である。ドラマの主役は、恋愛を最初に覚えた団塊世代だった。

おコマは、小学校高学年の息子を連れ、同い年の娘を連れた会社勤めの山下宏治（板東英二）と再婚したばかりである。若いころから恋愛騒動が多く、面倒見がよい。近所で地中海レストランを経営している。

山下家にひんぱんに出入りしているノロは、仙台に単身赴任中の夫、啓司（長塚京三）と、中学生の娘、小学生の息子の四人家族。人のことばかりをうらやましがる、暇を持てあました専業主婦である。

タケは大きなお屋敷で育ったお嬢さま。着物姿の口うるさい姑の機嫌をとりながら、私立小学校に通わせる娘と建設会社の設計部で働く夫、圭一郎（古谷一行）と暮らしている。家事や子育ての邪魔にならない程度なら、という条件で染めものの仕事をしている。

タケは、圭一郎が自分の幼なじみの一人、岡田桐子（いしだあゆみ）と昔、同棲していたことを知っている。結婚のきっかけが、失恋に苦しむ彼に寄り添ったことだったからである。おコマは、桐子と圭一郎と三人で過ごした思い出を大事にしている。皆が若い時代を知っている男が、不倫騒動の主役となる。

桐子と、主婦の三人は長い間交流がなかったが、ガーデンパーティで再会する。桐子は独身で恵比寿のマンションに住み、映画配給会社で字幕を翻訳するキャリアウーマンになっていた。

桐子と圭一郎が再会し、焼けぼっくいに火がつくドラマと、このパーティで知り合った、桐子の後輩でハンサムな藤森順一（奥田瑛二）とノロの純愛が、同時並行で進んでいく。桐子と圭一郎の関係は、まもなく皆が知るところとなるが、藤森とノロの仲は、ひそかに進展する。

四人の女性のキャラクターを象徴するのが、ダイニングテーブルである。

平凡な主婦、ノロはご飯にみそ汁の夕食をつくり、娘に手伝わせながら食卓を調える。おコマは、レストランでシェフを手伝い料理する姿がひんぱんに登場するが、家庭の台所に立つのは、訪ねてきた友人に、ガラスの密閉ビンから日本茶を出して淹れるときばかりである。ときどき、連れ子のきょうだいが、おコマが下ごしらえしておいたらしい、ご飯とみそ汁、ハンバーグなどの食卓を二人で囲む。宏治も、ときどき食事を準備する。

タケの家庭で、家族そろって食卓を囲むシーンはない。遅く帰った圭一郎が、準備しておいた夕食をとるのにタケがつきあう程度である。彼女が料理上手であることは、食卓のシーンではなく、圭一郎とデートする桐子の口から明かされる。

桐子は仕事用のビデオテープがずらりと並んだ部屋に暮らす。小さなキッチンに立つことはあるが、ダイニングテーブルで桐子が過ごすシーンのほとんどは、仕事をするときである。

おコマの家にはテラスがあり、皆の憩いの場所となっている。その場所で、山下夫妻は仕事の後の一杯を楽しみ、お互いの話を聞く。ノロやタケも遊びに来る。せっかく再会したからと、桐子も呼んでホームパーティを開く。

そのパーティの席で、圭一郎と桐子は同じ日程で大阪に出張することがわかる。偶然同じホテルに泊まった二人は結ばれ、交際が再開される。何度目かのデートで、桐子が圭一郎を家に招待する。ランチョンマットの上に白い皿、ナイフとフォークをそろえ、ワインを用意する。

約束の十分前に、おコマが突然立ち寄る。レストランのようにセッティングされたテーブルを見て、「誰か来るの」と聞くおコマに桐子は返事ができない。そこへチャイムの音。ひきつりながら桐子がドアを開けると、仕事の書類を持ってきた藤森が立っていた。助かった、とばかりに桐子は、圭一郎への伝言を頼み、おコマと鉢合わせしないよう計らう。

喫茶店で落ち合い、「料理つくったのに」としょげる桐子を慰め、圭一郎は、その店で一緒に食事をとることにする。そのときの会話で用意した献立がわかる。

「ね、何つくったかあててみて」

「ロールキャベツ」と確信を持って答える圭一郎。

「どうして」と、動揺を隠せない桐子。

「だって君得意で、昔よくつくったもの」

「じゃ、それから」

「肉の包み焼き」

「よくわかるわね」

「君の得意なものなんてそう数多くなかったじゃない」

桐子はどうやら料理が苦手である。自信を持って恋人をもてなせるのは、パーティ料理のレパートリーが二つ、三つ。その背景を、「私の母がね、子どもにお料理を教えてくれるような人並みのことをしてくれなかったから」と弁解する。

桐子の母親は妻子ある男の愛人だった。その過去を密かに調べた圭一郎の母が、桐子に別れるよう言い渡していた。その話を圭一郎は知らない。料理が苦手、という一点に「家庭的でないから結婚に向いていない」と思い込む彼女の負い目を集約させる。

おコマは桐子がつくった料理から、誰をもてなすものだったのか見抜いていた。圭一郎を呼び出し、どうするつもりかと聞く。

ほころび始めた秘密をきっかけに、桐子と圭一郎はくすぶっていた想いが過去にしかないことに気づき始める。タケにバレると困る、と心配する二人は、しかし圭一郎の母や娘が傷つくだろうことには無頓着だ。

二人は関係を解消するが時すでに遅く、再び開かれた山下家のパーティで、疑惑が公然のものとなる。圭一郎は、家を出てビジネスホテルで暮らし始める。そうこうするうちに、夫婦それぞれの相談にのっていたおコマが、偶然再会した元夫を慰めて一夜だけの関係を持つ。すぐにバレる。山下夫妻の冷戦はすぐに周囲に知られる。おコマを許せ、と宏治に皆が代わる代わる言い立てる。そして夫婦は仲直りをする。山下家の騒動は、藤森とセックス直前まで行ったノロの気持ちを家庭に戻す。恋をあきらめて一皮むけ、人をうらやまなくなったばかりか、先輩格だったおコマに説教までする。

山下夫妻を訪ねて圭一郎に再会した桐子は、友人たちの目の前で恋人に別れを宣言する。それでも、圭一郎とタケは元の鞘に収まらない。

業を煮やしたおコマは、テラスで女だけのパーティを開く。勝手知ったるおコマのキッチンで、料理をつくるノロ。やがてテリーヌ、サラダ、キッシュ、肉料理などの支度ができあがる。タケは差し入れのタッパーを持ってくる。

季節は冬になっていて、寒いからダイニングテーブルでと決まっていたパーティ会場を、後からやってきた桐子が、この場所が好きだからと強引にテラスに移させる。山下家のテラスは、縁側を持たない郊外の街で、気軽に友人が訪ねる憩いの場となっていたのだ。

やがて、四人はしたたかに酔っ払う。ノロは終わった恋を思って泣き、タケはもらった花束で桐子を殴って騒動に決着をつけ、酔った勢いで夫を迎えに行く。

ドラマがウケたのは、おしゃれなライフスタイルで味つけしながら、退屈な日々を持て余した主婦の願望を形にしたからだろう。自分の気持ちだけで手一杯の登場人物は、家族の犠牲になるのではなく、自分のために生きたいと願った八〇年代の女性たちの気分も映し込んでいる。

本格フランス料理をつくる

ドラマ『金曜日の妻たちへⅢ』には、昭和後期の食卓に関わる流行や社会現象がひと通り詰まっている。

一つは、ノロがつくるテリーヌ、桐子が得意な肉の包み焼きといった、ご飯には合いそうにない外国料理が、もてなし料理のレパートリーに入っていることである。

二つ目は、それらの外国料理を並べて、育ち盛りの子どもを持った家庭人たちが、まるで西洋人のように大人だけのホームパーティをくり返し開くこと。

三つ目は、料理上手の女は恋愛に勝利する、というセオリーが強調されることである。料理が得意なタケにコンプレックスを抱く桐子は、料理のレパートリーが少ない。恋の勝利者になるのは、料理上手な女性なのである。

最後が、子どもたちだけの食卓である。共働きのおコマの家では、子どもたちが二人で食卓を囲む場面がしばしば登場する。直接画面には出てこないが、ノロが仙台の夫の元へ行くという口実のもと藤森と旅する間、彼女の子どもたちも二人だけで食事をしている。

この四点を掘り下げれば、昭和後期の食卓が見えてくる。

まず一つ目。本格的な外国料理人気は、高度成長期の終わりごろから始まっていた。NHKの『きょうの料理』では、政財界の要人が会食する高級懐石料理店の辻留の主人、辻嘉一や、ホテルオークラの総料理長の小野正吉、麻婆豆腐を日本に伝えた陳建民が六〇年代後半から八〇年代にかけて登場し、本格的な日本料理、フランス料理、中華料理を紹介している。本格的すぎて、小野正吉は「主婦には無理だな」という名言まで残している。

できようができまいが、日本的にアレンジした洋食ではない本物を知りたい、という主婦の欲求に応えるように、七〇年代には江上トミ、飯田深雪による本格的な外国料理のシリーズ本が出版されている。

昭和後期は百科事典や全集が次々と出て売れ、応接間やリビングなど客を招き入れる部屋の本棚に飾っておくことが流行った時代である。有名な料理研究家たちの外国料理本のシリーズは、いわば料理版全集なのである。

飯田深雪の本は、婦人画報社から一九六九（昭和四十四）年〜一九八〇（昭和五十五）年まで十一冊出ている。『サラダ』、『サンドイッチ』、『シチューとスープ』、『チキン料理』、『オードブル』、『チーズ料理』といった西洋料理のカテゴリーごとに各国料理を紹介するレシピ本。当時の日本人にはあまりなじみがないことを前提に、それぞれ巻末で食材の扱い方やつくり方のコツを紹介している。

江上トミは、一九七二（昭和四十七）年〜一九七九（昭和五十四）年に世界の十八の地域・国の料理を紹介する本の日本語版を監修している。出版元は、ロバート・キャパなど世界を回った報道写真家が活躍したグラフ誌『ＬＩＦＥ』を出したタイムライフ社である。

百科事典ほどある分厚い箱に入った本は二冊に分かれている。一冊は百科事典サイズの本で、各国の食文化の特徴や料理、食材の解説が、カラー写真入りで紹介される。家庭の食卓ルポもある。レシピも紹介されるが、この分厚さでは実用的ではないと判断されたのだろう。リングファイル式の小さなレシピノートが別冊でついている。

この時期、テレビでは『日立ドキュメンタリー　すばらしい世界旅行』（日本テレビ系）や、『兼高かおる世界の旅』（ＴＢＳ系）など、未知の世界を紹介するドキュメンタリー番組が高い人気を得ていた。海外旅行が高嶺の花だった時代に、人々は見たことがない外国の世界を、テレビで擬似体験した。このシリーズは、食を切り口にした世界の旅だった。

たとえば『フランス料理』(原著　M・F・K・フィッシャー)の目次は、つぎのような構成になっている。

目次からも、フランス料理はどういうもので、コースにはどういう役割があるのか、基礎知識からその奥にある独自の食文化まで、総合的に伝えようとする意気込みが伝わってくる。たとえば、世界的なベストセラーの『南仏プロヴァンスの12か月』(ピーター・メイル著・日本版は一九九三年発売）をきっかけに、すっかりおなじみになったプロヴァンス地方の料理は次のように紹介されている。

「プロヴァンス地方は、ローマ時代からの有名な避暑地である。他の地中海北岸地方と同じく、料理の基本的な材料はにんにく、オリーブ油、トマトで、それを全部使ったのが、マルセイユのブイヤベースである。この有名な魚のシチューには、地中海の魚や貝が十種類以上もはいっている。プロヴァンス料理は、北部の料理と比べると一般に風味豊かである。」

XIのサラダの章では、写真入りでサラダ野菜やハーブの解説がある。サラダをつくる家庭のルポまである。ブイヤベースもサラダもハーブも、日本の生活に入り込んでいなかった。当時、フランスの食文化がいかに日本人になじみがなかったか、それから四十年ほどたって、いかに私たちに身近なものになったかよくわかる。

日本は、湿潤な気候で生まれた発酵食品を調味料に使い、鎖国の時代に築いた自給自足生活をベースにした野菜と魚介類中心の食文化を持っていた。そこへ入ってきたフランス料理などの西洋料理は、まずご飯に合い手軽につくれる洋食にアレンジされて定着した。

味つけに使うスパイスは、大航海時代と植民地支配の成果で、ヨーロッパはアジア、アフリカなど世界中の素材を取り込み、独自の料理文化を築いていた。水をふんだんに使う日本料理と違い、素材から出る水分で煮込む、オーブンを使うなど調理法も違った。

未知の国の食文化を、背景から伝えてくれたシリーズなのである。こういう本が成り立ったのは、衣食住が満ち足りた人々の知識欲というか、異文化への旺盛な好奇心があったからである。このような本を本棚に並べておく、あるいは読んでおきたいと望むゆとりある人たちが、昭和後期にはたくさんいたのである。

同時に、メディアが仲介しなければ外国は遠い、という時代でもあった。知らないことはたくさんあり、文化の担い手たちが伝えたいことはたくさんあった。

東京オリンピックや大阪万博など、国を挙げての大イベントで外国への関心は高まっていたが、円はまだまだ安く海外旅行は高嶺の花。外国料理のレストランも敷居が高かった。どこにでもイタリア食堂やインド料理店がある、という時代ではなかった。それどころか、外食自体が、この時期に生まれてふえたファミリーレストランで日常化しはじめたばかりだった。

ごちそう、といえばステーキの時代である。外国料理に、人々はメディアを通して憧れ、つくってみることによって、触れるようになったばかりだった。

パーティ料理と『赤毛のアン』

江上トミや飯田深雪のシリーズ本で紹介された外国料理は、当時まだ珍しいものだったから、日々の食卓をにぎわせるよりもてなしの場面に向いていた。そして、昭和の時代はまだ、家に人を呼んで食卓をともにする習慣が残っていた。

もともと、客は家でもてなすものだった。正月やお祭りなどの年中行事や冠婚葬祭のときはもちろん、ふだんから職場や近所の人、親戚などが訪ねてくるのは珍しくないことで、客が泊まっていくこともあった。

縁談も商談も込み入った相談ごとも、家を訪ねて話し合った。目的がなくても顔を見に行く、出迎える、ということは日常的に行われていた。そうやって人は人とのつきあいを大切にし、ときにはケンカもし、胸中を打ち明けあって親交を深めたのである。高度成長期ごろまで電話があまり普及していなかったことも関係がある。

顔を突き合わせて話をする場面を取り持つのが、食事だった。主婦なら、もてなし料理のレパートリーの一つや二つ持っていた。年中行事では、つくるべき料理も決まっていた。

家庭での気軽なもてなし文化が廃れていくのが、昭和後期である。電話が誰の家にも引かれるようになる。風呂が内風呂になる。さまざまな土地からやってきた人たちが暮らす郊外は特に、お互いをよく知らないから家がプライベートな空間となり、人の出入りが少なくなった。年中行事もへって簡単なものになっていく。

地元を離れたサラリーマン家族の親戚は、遠くに住んでひんぱんに行き来しない。会社が潤沢に経費を払えるようになって、接待は料亭などで行われるようになる。ファミリーレストランなど、気軽に入れる外食店もふえていく。

一方で、子どもを介したご近所・PTAなどのつき合いや、全盛期を迎えたカルチャースクール仲間など、新しいつき合いも生まれた。子どものお誕生会も広まった。何より、友人をもてなす機会を主婦たちが求めていた。

自分は家を行き来するのが当たり前の環境で育ったのに、ご近所づき合いは浅くなった。家事はらくになったし、子どもも少ない。寂しいのである。人に会いたいのである。使いたい放題の自分のキッチンも手に入れ、新婚時代から腕を磨き続けて覚えた外国料理を披露したいのである。家でのもてなしが当たり前ではなくなったから、ホームパーティという西洋発の文化が物珍しいものとして、受け入れられた。

昭和後期に活躍した料理研究家に入江麻木がいる。小澤征爾夫人の母親。世界中のクラシック音楽家、セレブたちをもてなすパーティで、入江は腕をふるった。彼女が料理研究家としてメディアにデビューしたきっかけは、娘の結婚だった。

一九四二（昭和十七）年、横浜は山手の高級住宅街に暮らす、貴族の末裔の白系ロシア人に十代で嫁いだ。新婚時代は、見たことがない肉の塊に驚き、二十四人も座れるテーブルが置かれたダイニング、広い廊下などに気後れしている。姑からお菓子のつくり方を教わり、ロシア式レディ教育を受けた。舅の手ほどきでロシア料理も覚えた。結婚して、日本人の彼女はロシア貴族社会の一員となったのである。

やがて、夫の転勤でアメリカなど各国に移り住むようになる。親しくなったパリ社交界の女王などセレブの友人たちから、さまざまな外国料理を教えてもらった。ディオールと親友で弟子のイヴ・サンローランとは親子のようなつき合いをしている。アイゼンハワーの孫のパーティに出席したこともある。そうそうたる人々が集まる場に参加し、自らもパーティを取り仕切ってきた女性である。

その入江が一九七九（昭和五十四）年に出したレシピ本が、『パーティをしませんか入江麻木のもてなし料理』（鎌倉書房）である。パーティのしつらえをしたカラーグラビア写真や、入江自身が書いたエッセイがたくさん入ったハードカバーの本には、レシピだけでなく、さまざまなパーティの提案や心得も書かれている。「春の訪れを祝うイースター・パーティ」のエッセイでは、次のように料理が紹介されている。

「ここでは、私の大好きなイースターの行事にちなんで、春を祝うパーティのテーブルを作ってみました。オードブルは、出始めのグリーン・アスパラガスをハムで巻いた美しい一品。メインはクラウン・ローストですが、仔羊が手に入りにくいので、豚の骨付きロース肉で作ってみました。そして、サニー・レタスのサラダを添えて口直しをします。デザートはロシアのイースターにつきもののレアのチーズ・ケーキ。ニコライ皇帝好みといわれるレモン入りのコーヒーによくあいます。ごちそうを食べたら、春の風に吹かれて、散歩にでかけましょう。今日からは、お花のたくさんついた夏帽子がかぶれます。何かよいことが起こりそうな予感がしませんか？」

この料理を見せる一ページ全面カラー写真のグラビアでは、壁際に寄せたテーブルの上に、骨つきロース肉の脚を白いナプキンで包み、王冠の形に盛りつけた皿がキラキラと照明の光を浴びている。奥にはバラのコサージュ、そして壁に花飾りがついた麦わら帽子がかけてある。写真に写っているすべてがエッセイのとおりである。

骨つきロース肉はどこでも手に入るものではなかったし、ハーブやスパイス、アップルビネガーなどなじみが薄かった調味料も使う。

このほか、「高原の野菜のバスケット・パーティ」、「初夏のガーデン・パーティ」、「秋の持ち寄りパーティ」、「ディナーパーティ」などが提案される。結婚するまではクリスマスなど祝ったことがなかったと告白する入江の世界に、日本的な要素はない。紹介するパーティはすべて、ヨーロッパの行事や習慣をもとにしている。料理もロシア料理をはじめ、フランス、イギリス、イタリア、ギリシアといった外国料理ばかりである。

入江が垣間見せてくれる西洋のセレブリティの世界に、当時の主婦たちは、瓦屋根で畳がある家やマンションの一室で憧れた。しかし、こういう本がちゃんとこの時代に実用向けとして成立したことが、あとがきには書かれている。

「この二年の間、『お料理はお好き』を読んでくださった読者の方々から、何かパーティに関した本をという声が数多く寄せられ、このたびこの本をまとめることになりました」

読者が、ふだんは使わない食材を手に入れ、本格的な外国料理で客をもてなせるレシピ本を求めていたのである。それだけ豊かな生活は裾野が広がっていた。『お料理はお好き』は、鎌倉書房から出ていた家庭料理の本で、やはりエッセイとグラビア写真がついている。

入江麻木の本で気になるのは、ドラマ『金曜日の妻たちへ』と共通する、生活感の薄さである。メルヘンチックで甘い文体である。

入江は『きょうの料理』にも登場している。一九八二（昭和五十七）年一月号の特集で、入江が取り組んだテーマは「温かいスープとシチュー」である。写真には、レトロな石炭ストーブが置かれ、ストールと編みかけのニットが木の椅子にかかっていて、寒いヨーロッパの国の家を思わせる。リードの文章はこんなふうだ。

「たらは温かいスープになります
野菜だけでもおいしいシチューができるし
塩ざけだってステキなシチューになるのです

シチューをことこと煮込む午後
スープの支度をする夕ぐれ
それは大人のメルヘン
今夜は
お気に入りのあの皿を温めて…
寒さの1月は、簡単にできる
温かいスープとシチューの特集です」

紹介されるレシピは、「鶏肉ときゃべつのスープ」、「鶏肉のシチュー」、「塩ざけのシチュー」、「たらのスープ」、「さつまいものスープ」、「野菜だけのシチュー」、「ソーセージのクイックシチュー」、「レバーのシチュー」、「ささ身のミネストローネ風」などである。

それにしても、NHKの『きょうの料理』でこのリード。まるで童話の世界である。かわいらしくて、はかなげで、生活臭がまるでない。少し前の時代まで、姑役の料理研究家たちが厳しく心構えを教えていたメディアとは思えない。

実は、童話的なポエムの世界はこのころ、大いに流行っていた。キルトやパンづくり教室など欧米の文化を伝えるカルチャースクールも、この時期が全盛期。ヨーロッパ風、外国風と銘打った、実はどこにもないテイストの文化が生まれていた。軽井沢や清里といったリゾート地はメルヘンチックな建物とグッズで埋め尽くされ、女の子たちでいっぱいになる。物語の世界をリアル世界に持ち込んだ東京ディズニーランドも生まれた。当然、家庭料理の世界にもメルヘンは押し寄せていた。

鎌倉書房からは、ほかにもカラーグラビアとイラスト、エッセイでかわいらしく演出した料理や手芸を紹介する本が出て、隠れたベストセラーになっていた。『可愛い女《ひと》へ。お菓子の絵本』（一九七八年）、『可愛い女《ひと》へ。料理の絵本』（一九七九年）、そしてキルトや人形などの手芸も紹介する『赤毛のアンの手作り絵本』Ⅰ～Ⅲ（一九八〇年）。『赤毛のアン～』のほうは、よほどファンが多かったらしく、鎌倉書房倒産後の一九九五（平成七）年に、白泉社から復刻版も出ている。

『赤毛のアン』のほか、『小公女』、『赤ずきんちゃん』、『若草物語』、『不思議の国のアリス』など、昭和半ばにさかんに翻訳された児童書や、テレビアニメ化されて人気になった欧米の物語に登場する料理をつくってみた、という料理絵本シリーズである。

もちろん入江も料理スタッフとして参加している。入江が物語のイメージを再現する料理としてレシピを提供するのは、『若草物語』のお誕生会に出てきそうな「仔牛

『可愛い女へ。料理の絵本』のカラーページ。料理製作は入江麻木

のクリーム煮のシュー詰め」や「ハムのゼリー寄せ」だったり、『小公女』のセーラが憧れた大きな家の家族が食べたであろう「ビーフシチューのポットパイ」や「にんじんのポタージュ」などである。この本でも、入江の料理はパーティをイメージしたものが多い。

何よりメルヘンチックなのは、本のデザインである。ワンシーンをイメージした衣装と小道具で飾った食卓シーンのグラビア写真の横に、写真と同じ衣装を着た人物がカラーのかわいらしいイラストになってちりばめられ、童話のような料理紹介文を飾る。物語の世界から登場人物が抜け出した、という演出で文学少女・元少女たちを喜ばせた。

当時、物語を題材にとった料理本を出していたのは、鎌倉書房だけではなかった。口火をきったのは、文化出版局だ。一九七六（昭和五十一）年に翻訳書として発行された『プーさんのお料理読本』。以降、『メアリー・ポピンズ』、『大草原の小さな家』、『不思議な国のアリス』など、読書好きの女の子が喜びそうな作品を出典としたラインナップが続く。主婦の友社や講談社、学研なども参加し、物語を題材にした料理本の出版ブームが、七〇年代後半〜八〇年代初めに起こっていたのである。

思秋期の妻たちへ

物語を題材にした料理本も、パーティ料理を提案する料理本も、実用向けというより、読む人をひととき日常から離れさせてくれる、という質のものだ。読者の大半は、ひっきりなしに来客があるわけではないだろうし、日々の献立づくりに加えられそうな料理も少ない。なぜ、そのような本が昭和後期にさかんに出版され、人気を得たのだろうか。

主婦たちは豊かな生活を送っていた。生活に必要なものはひと通りそろった後で、台所まわりでも、よりグレードの高いものが売れるようになっていた。

キッチンなら、シンクとコンロが別のユニットのセットキッチンではなく、扉が同じ色で統一され、継ぎ目のない天板がついたシステムキッチン。炊飯器や冷蔵庫は当然そろっていて、新しく買うのはまるごとチキンやケーキを焼けるオーブンだった。料理酒は日本酒だけでなくワインも常備するようになりはじめていた。

洋食や中華をひと通り覚えた料理好きな主婦は、腕に磨きをかける新しい料理を求めていた。手間とお金がかかる、より本場に近い料理をつくる時間とお金の余裕が、一定階層以上の主婦たちに育っていたからである。

家を建てて子どもを私学にやったり留学させたりできるのは、もはや名家や実業家だけではない。また、子どもが手を離れている人は時間にも余裕がある。

そういう階層の主婦は、働く必要がなかった。料理は日替わりで何品もそろえて手づくりするのが当たり前。家族を「おかえり」と迎えることも、専業主婦の大事な務めだった。うっかり「働きたい」などと言って「オレの収入では不満があるのか」と叱られてしまうと、返す言葉がない。妻子を養う甲斐性を見せることも、夫の社会的立場を保つために必要な時代だった。

日中、カルチャー教室などに通って趣味に没頭するのは楽しい。夢中で手を働かせているうちに、気が紛れる。仲間や先生とのおしゃべりも、ふだん一人で過ごす寂しさを紛らわせてくれる。本格的な外国料理も、そういう趣味の延長線上にあった。

食卓に並ぶメインディッシュは、骨つき豚肉である必要性はない。シチューにパイ生地のフタがなくても、家族は不満を言わないだろう。しかし、つくってみたい。どんな味か知りたい。何より時間をかけて腕を振るった達成感がある。

家族は、そういう凝った料理をつくっても、炒めものやみそ汁を出したときと同じような顔をして食べるだけだろう。たまには、「おいしい」とか「すてき」と褒めて欲しい。料理で人を感動させたい。喜ばせたい。だから、パーティを開きたくなるのだ。主婦仲間なら、この料理の難しさやおいしさに気づいて褒めてくれる。

パーティ、物語といったフィクショナルな料理シーンの設定は、主婦が退屈な日常から逃げる手段でもあった。

彼女たちは、家族のために毎日こまごまと働いているが、その仕事に対する報酬はもらえないし、目標があるわけではない。料理は家族のお腹に消えていき、掃除した部屋や洗った衣類も汚れる。果てがない労働が日々くり返され、仕事の成果は消えていく。

幼いころはあんなに自分を頼った子どもたちは、あっという間に成長して外で遊んだり習い事に行ったりしてそばにいなくなる。夫は仕事で忙しい。男同士のつきあいも多い。

労働に追われて一日が暮れ、人生が終わる時代には考えもしなかった生きる手ごたえを、ゆとりができると求めるようになる。

不倫をテーマにしたドラマがヒットしたのは、同年代の主婦が主役のドラマを見ることで、現実を離れて心をときめかせることができるからだ。恋をして心が動き、活き活きとし始める主婦を見て、憧れるからだ。

主婦の孤独を裏づけるベストセラーが、一九八二（昭和五十七）年に出たノンフィクションの『妻たちの思秋期』（共同通信社）である。登場する妻たちは、誰も生活に困っていない。だが、人づき合いが少なく、時間を持て余す生活の孤独に悩んで、アルコール中毒になったり、仕事や趣味に没頭して相手をしてくれない夫に愛想を尽かせる。

豊かになった主婦たちは、その豊かさゆえに自分の役割を見失った。

人は、人の役に立っている、自分が成長していると思えたときに、生きる手ごたえを感じる。誰かに守られて安定した生活の中に手ごたえはない。経済的に恵まれている、ということは助け合う必要がない、ということにもつながる。知恵を絞って家計をやりくりする必要も、誰かに相談したくなるような具体的な悩みもない。しかし、彼女たちに悩みがないわけではなかった。

自分は、誰からも必要とされていないのではないか……。言葉にできない寂しさが、心を蝕んでいく。孤独の海の中で溺れる主婦たちの存在は、しかし、まだほかの人々の目には入っていなかった。主婦の孤独が何をもたらすかは、まだわからなかった。

モテる少女は料理がうまい？

若い女性は、状況が少し違っていた。これから恋人ができて、結婚するだろう彼女たちにとって、料理上手になることは、女としての人生を成功させる手段だった。

きっかけは、一九七六年に出た桐島洋子の食エッセイ集、『聡明な女は料理がうまい』（主婦と生活社）だった。ベストセラーにはありがちなことだが、タイトルだけが誤解されてひとり歩きし、料理上手はモテる、と巷でささやかれるようになった。本の中身は、働く女性がつくる権利を手放さず、いかに合理化して料理するかといった、仕事と家事を両立させるコツを書いたもの。どこにもモテるとは書いていないのだが、何しろ著者がモテる女性なので、そのように解釈されたのだ。

恋愛結婚が主流になった昭和後期、女たちは、あの手この手で収入が多くてかっこいい男性を捕まえ結婚したがっていた。自活できる道が少なかったこのころの女性にとって、結婚は生きる手段だった。しかし、相手の経済力がわかる見合いは古臭い習慣として敬遠されていたし、女性たちは好きになった人と結婚したがっていた。恋愛したくなるルックスや色気と経済力と、条件が揃った男性は引く手あまた。彼らのハートをつかむ手段として料理が注目された。

このころ、ゆとりができた生活の中で、ままごと遊びのような料理が少女たちの間にも広まっていた。十代少女にとって、料理は男性に近づくための武器であり、同時に今を楽しむ趣味の一つだった。

少女向けファッション誌『ノンノ』（集英社）は、一九八〇年代、「ノンノ・クッキング」と題して、毎号のように食べざかりの若い女の子が喜びそうな料理記事を載せていた。ここでも、入江麻木が料理指導に登場する。それからラブおばさんという愛称で、若い女性に支持された城戸崎愛がいる。

一九八四（昭和五十九）年四月二十日号の料理担当は入江麻木。テーマは野菜のパイである。

「生野菜のサラダ、近ごろ少し飽きてきました。といって、出盛りの野菜をおいしく味わいたい。そこで注目したのが、野菜とパイ生地を組ませる法——そう『野菜のパイ』。初夏に旬を迎える野菜を色別に3タイプに分け、特徴を生かして作ります。パーティからティータイムまでカバーするスグレメニューです」

このリードから、当時の少女たちにとってサラダはすっかり日常食になっていることがわかる。同時に、記事は若者特有の旺盛な好奇心にも訴えかける……何か新しいことをやってみたい。

五月二十日号では、「この十年間に三倍売れるようになった伸び率いちばんの野菜」グリーンアスパラガスを使った料理を紹介する。高度成長期、アスパラガスといえば缶詰のホワイトアスパラガスだったが、八〇年代には主役がグリーンアスパラガスに交替したことがこの記事からわかる。

十一月二十日号では、城戸崎愛指導による、「卵の簡単夜食」が紹介される。メニューは、「野菜の重ね焼きオムレツ」、「ピッツァ風のオープンオムレツ」、「フルーツ入りのスフレオムレツ」、「シーフードたっぷりのごちそう卵とじ雑炊」、「ポーチドエッグのあったかスープ」、「ココット皿の茶碗蒸し」といった具合。

目新しさが欲しい十代にとって、アレンジ料理は料理上手になった気にさせられる味方である。また、たくさんの料理を覚えるより、アレンジすることでレパートリーをふやすことが女性の武器になり始めていることも、流行に敏感な少女向け雑誌からは読み取れる。

『ノンノ』1988年1月5日号の丼特集。スタイリングに凝って楽しさを強調

一九八五（昭和六十）年十月五日号では、ハーブも登場する。タイトルは「ハーブの絵本」。手に入れられる店も紹介される。リードを紹介しよう。

「『ハーブって〝香草〟って意味でしょ。でも何に使うのかよく分かんないワ』なんて、のんきなことを言っているあなた！　もったいないなあ！　ハーブと仲よくすると、お料理はおいしく、お肌は美しく、毎日は楽しくなっちゃうんですよ。愛すべきハーブの魅力を徹底的にご紹介！」

流行は十代少女から始まる。ハーブも知られ始めていたことを、この文章はにおわせる。『ノンノ』を読む多くの少女たちは、その料理を食べてみたい自分のためにつくる。家族を食べさせなければならないからではない。自分の好奇心を、欲望を満足させたいからつくる。完全にままごとなのだ。しかし、彼女たちの頭の中には、料理好きはいい奥さんになれるという計算ももちろん入っている。

その計算がよくわかるのは少女マンガだ。世の中に恋愛が解禁されたばかりの七〇年代には、『ベルサイユのばら』など壮大な舞台でくり広げられる非日常的な恋愛ドラマが人気で、主人公たちは恋を生きるのに精一杯だった。それが八〇年代に入ると、現代日本の学園ドラマなど日常を舞台にした物語がふえる。舞台が大掛かりな場合でも、その中での日常を丹念に描くようになる。恋が身近になって、等身大を求める少女がふえたからだ。それに、恋に勝利しなければよりよい将来は期待できない。少女たちにとって、恋の教科書は少女マンガだった。だから、少女マンガには、結婚を視野に入れた啓蒙的な要素が入り込む。

八〇年代の少女マンガで、料理上手の少女は恋に勝利することが多い。風邪を引いた彼の部屋に食材を買ってあがり込み、料理をつくってあげる。デートのときに手づくり弁当を持って行く。運動部の部活でおなかをすかせた意中の人に、手づくりクッキーやおにぎりを差し入れる。クリスマスにディナーをつくって家に招待する。バレンタインに手づくりチョコをプレゼントする。料理上手な女の子は、胃袋からすてきな彼をがっちりつかんでしまうのだ。

マンガ好き女子の間で人気の少女マンガ誌『ララ』(白泉社)で連載された作品に、『エイリアン通り《ストリート》』(成田美名子・白泉社・一九八〇～八四年)がある。

舞台はロサンゼルス。中東の王子が活躍するセレブ感とドンパチありのスリリングなコメディだ。冒険物語で、魅力的なキャラクターたちの日常生活がていねいに描かれる。

主人公は、フランスからの留学生で大学新聞記者のジェラール。ひょんなことから、中近東某国の王族の息子で留学生のシャールが暮らすお屋敷に居候することになる。その家には、何か心に傷を負っているらしい翼という日本人の少女がいた。彼女の言動に注目したい。

ショートカットの翼は、自分のことをボクと呼ぶ。事情があって親のもとを逃げ出し、家事を引き受けることを条件に居候している。弱冠十五歳で、和食はもちろん、フランス料理、アラビア料理、アメリカ料理と何でもござれの料理上手。ひそかにシャールに恋している。

翼が料理するシーンが最初に出てくるのは、シャールのいとこの美人、ナーディアがやってきたときだ。親しそうな二人にモヤモヤとした気持ちを抱きながら、キッチンに立つ。固くなったパンを切り、リンゴ煮にラズベリー、杏を入れたケーキを焼く。湯気の立つお菓子を食卓に出して、皆を大喜びさせる場面。

「おいし！　これなんていうケーキ?」と驚くナーディア。

「シャロットケーキっていうの　こうすると固めのパンでもおいしいでしょ」と翼。

「ホント…上手なのねェ」と関心するナーディア。

「天下一品だよ　翼クンの料理は」とジェラール。

「このまえのオレンジケーキもうまかったな　また作れよ」とシャールに言われ、

「これだけでも　いいか…」と取り柄がある自分に納得し、少し元気を取り戻す翼。

あるとき、シャールはナーディアや大学の友人たちを伴い、砂漠へ冒険に出かける。翼は、暑さにやられて倒れてしまう。みんなが今後の行動を相談している間に起き出し、台所に座り込んでいる翼を、ナーディアとジェラールが発見する。心配する二人に翼が言う。

「冷蔵庫の牛舌　はやく料理しなくちゃと思ったんだけど　気持ち悪くてさわれないの　だれか…スライスして…」

生真面目な翼にあぜんとする二人。ナーディアが代わりにキッチンに立つ。

「翼はやすんでて！　こんなのわたしがやるわよ」

「いいよ　味つけはボクがする」

「心配しないでまかせなさい　アラブ風になっちゃうけどネ」

とナーディアに説得され、部屋へ戻る翼。

「ちがうんだ　ボク　そんなに素直ないい子じゃない　ボクに残ってたたった1つの場所をとられたくなかっただけ…」と落ち込む。

倒れているのに、無理して料理しようと翼が思い詰めるのは、シャールの心をつかんでいるか不安だからだ。料理上手でかわいく、健気でやさしい、と魅力的な女の子としての条件はそろっているのに自信がない。自分のことをボクと呼ぶのは、女の子としての自分の立場に危うさを感じているからかもしれない。家出少女という設定も、親元で安心できない不安を表している。

親に愛されている実感がないため、居場所がないように感じる翼。大切にされた実感がないから、必死で人の役に立つことで存在理由を見つけようとする。料理は、女の居場所をつくる大切な手段だと、このエピソードはにおわせる。

田辺聖子の手料理論

同じころ、大人が読む小説の世界でも、料理上手な女のモテぶりは表現されていた。今も現役の人気小説家、田辺聖子が一九八四（昭和五十九）年に出した『恋にあっぷあっぷ』（光文社）は、大阪の文化住宅に三歳年上のサラリーマンの夫、ヒロシと二人で暮らす女性、三十一歳のアキラが主人公である。

ここでも主人公は、名前からしてボーイッシュな女性である。八〇年代は、ボーイッシュな女性が同性に支持された。ショートカットにしてからトップアイドルになった小泉今日子はその代表格。ネクタイを締めてサスペンダーつきのパンツを穿いたり、ぶかぶかの白シャツを着たりする。男性社会だった企業へ、女性の進出が目立ち始めた時代だった。キャリアウーマンがかっこよかった時代、女性たちは男性的に振る舞うことで、男性と対等になろうとした。

しかし、そんなボーイッシュな女性も、料理は上手でなければならなかった。むしろガサツと紙一重だからこそ、家事能力は高くなければならなかった。そこでポイントを稼げるようになったということは、逆に現実には料理が苦手な女性が多かったということでもある。

ヒロシは、典型的な昭和後期の男性だ。女房を養える自分の甲斐性に自信を持ち、妻が働くなら家事に支障が出ない程度にすることを望んでいて、自分が帰ったときには必ず迎えて欲しいと言う。和食が得意なアキラは、夫のハートをがっちりつかんでいる。

「今夜は鶏レバーとにらの炒めもの、おなすとにしんのたき合わせ、ほんの少しつくった、さばの生ずし、というふしぎなとり合わせだったが、ヒロシは顔を輝かせ、『腹へった！　酒は要らん、早よメシが食いたい。ウチのメシがいちばんええ。センスある』

という間も惜しそうに食べはじめた」

ヒロシを今も憎からず思っているアキラは、しかし、他の既婚男性に心ひかれる。まず、お隣に引っ越してきた子連れ夫婦の夫、ジッと好意を匂わせた会話の駆け引きを楽しむ。

ジツ夫婦の妻のほうと通勤電車で話す仲になった夫は、料理が苦手という彼女に同情し、お隣を招いて食事会をする。そのときアキラは、「おろし山葵と鰹節を出した。これに香ばしく焼いて揉んだ海苔を加えて、お醤油をひとたらし」、「鴨《ママ》なすの田楽に芥子の実を振ったもの、鱧の皮ときゅうりの酢のもの、鱧の照り焼き」、「それではあっさりしすぎるといわれるだろうかと、豚肉と大根をたき合わせた一品もつける」。手のこんだもてなし料理もお手のものだ。

食事をともにして、少しジツと距離を縮めるアキラ。しかし、高級住宅街のブティックにアルバイト店員として雇われてから、アキラはジツへの興味を失う。妻との生活という安全圏から出ようとしない隣人よりおもしろい、新しい世界を発見するからである。

夫や夫の家族からは気が利かないと思われていた自分に、接客やおしゃれのセンスがあることに気がつく。お金持ちの世界に触れ、海が近い神戸近郊の街の開放的な雰囲気にひかれる。

ある日店で、海亀のように太って醜いが、大金持ちらしい鷹揚さがにじみ出る紳士、鷹野と出会う。家族が住む東京と二重生活を送る拠点にしているお屋敷に洋服を届けに行ったアキラは、元は農家だという鷹野が丹精した採れたてのかぼちゃの料理法を聞かれ、台所に立ってかぼちゃのクリームスープと煮ものをつくる。
煮ものを口にした鷹野は、「シミジミ、美味い。子供のころに食うた通りの味です」と感動する。そのお礼に食事に誘われ、デートを重ねる関係になる。煮もの一つで大金持ちの男性のハートをがっちりつかんでしまうのだ。鷹野はデートの途中、いかにその煮ものがおいしかったかを言い、アキラへの好意を告げる。

「『僕は結局、ほんまの御馳走というのは、家の台所で女がつくってくれる、日々のオカズや、という結論をもってます。そとの料理は飽きますなあ。しかし今は、女たちもそとで食べたがる。日々のオカズ、というのを、おいしくつくってくれる女が、居らんようになりました』」

このころから、料理をつくらない女は、大衆小説にも出てくるほど問題になっていたのである。
女たちは新しい味に目がないが、男は食に対して保守的である。昭和後期、料理研究家の土井勝が奨励した「おふくろの味」は、飲み屋のママが出してくれる懐かしい味として愛されたが、それは、そういう料理を妻たちはつくってくれないからである。

家に縛られ尽くすだけの人生はイヤ。そういう女性を象徴する味を女たちは敬遠し、台所に立つことを疎ましく思うようになり始めていた。当時の若い女性にとって、母親と同年代の田辺聖子は、いわば姑の立場だ。読者の女性たちに、さりげなく説教する。条件のいいオトコを捕まえたかったら、彼らが懐かしむおふくろの味をマスターしなさい、と。

しかし、外で食べる女たち、つくらない女たちはふえていく。最初に世間の目にさらされたのは、家族と食卓を囲まない女で、取り残されたのは子どもたちだった。

子どもたちの孤食

一九八二年、NHK特集で『こどもたちの食卓――なぜひとりで食べるの』と題する番組が、放送された。両親や祖父母などと暮らす小学生が、一人で食事をとっているという実態レポートは、見た人たちに大きなショックを与えた。

母親イコール専業主婦、というイメージが定着したこの時代、どこの家でも家族そろって食卓を囲むのが当然、という幻想を人々は抱いていた。NHKと共同で食生活調査を行った女子栄養大学の足立己幸の研究室には、多数の反発や問いかけの手紙が届いた。直接研究室に押しかけてくる人もいたという。

1982年に放送され、単行本化されたNHKの『なぜひとりで食べるの』

ＮＨＫと足立の関心は、子どもだけで食べる食卓は、会話も弾まず寂しいものになること、親が用意して置いておく食事が貧困になりがちなことへ向く。食事は、家族全員で会話がはずむだんらんの中で行われるべきものであり、楽しく食べないと心はもちろん体も十分に満たされない。そして、パンとバナナだけといった簡単な朝食は、育ち盛りの子どもたちには不十分である、と調査者たちは考えている。

しかし、現実の親たちは仕事や家事で忙しく、特に朝はあわただしいため、家族でそろって食卓を囲む余裕がない。

昭和後期、子どもの教育費を稼ぐために働きに出る母親がふえていた。学歴社会となり、高校進学は当たり前で、大学へ行く子どももふえた。子どもたちは、中学や高校に入ればクラブ活動や塾通いに時間を取られるようになる。郊外から一〜二時間かけて通勤する父親は朝が子どもより早かったり、部活で忙しいお兄ちゃん、お姉ちゃんは小学生の弟、妹と同じ時間には食べられない。パートへ行くお母さんは、朝のうちに済ませておきたい家事に追われる。リタイヤした祖父母が同居していることもあるが、親子とは別のペースで暮らしている。

何より視聴者にショックを与えたのは、子どもが朝食をとる時間に家にいるのに、そばにいてやらない家族が存在することだった。しかし、昔から家族はそろって食卓についたのだろうか。朝早くから農作業に出る夫婦、家の商売に忙しく交替で食事する親もいる。しかし、そういう家にだんらんがなかったとはかぎらない。

昔、子どもは働く家族の一員だった。家族は総動員で手作業の家事をこなし、家業に忙しかった。だんらんは労働の中にあった。しかし、外で働くことが仕事となり、家事はらくになって、家族が家族として一緒にいられる場所は、食卓になった。だからこそ、食卓に家族がそろわない現実を知り、人々は動揺したのである。

ＮＨＫが提案した問題解決の手がかりは、子どもを台所に呼び戻すことだった。子ども自身が食事の支度をできるようになれば、健康な体と心を養う食卓にできる。ライフスタイルに口は出せないが、栄養不足を解決に導きたい。当時、朝食を食べていないために、学校の朝礼で倒れる子どもの存在が社会問題になっていた。

番組が放送された年、『きょうの料理』は二度にわたって、子どもたち自身で調える食卓の提案をしている。一回目は五月号で「15分でつくる朝食」特集。「朝は一日の行動の出発点であり、朝食はバランスのとれた一日の食事の原点」と考えるNHKの四日間にわたる放送の前半二日が、子どもを意識した料理紹介だ。

一日目は、子どもと一緒に準備する朝食で、献立例を三つ紹介する。一つは「チーズトースト」とトマトジュース、レモン、レタスときゅうり、「揚げポテトのサラダ」、温泉卵、季節の果物。二つ目は、カナッペ、黒パン、牛乳、前夜の残りものでつくった「かのこいり」、季節の果物。三つ目が、ご飯、「とろろ昆布汁」、「さけ缶と青菜のおひたし」、「長芋のせん切り」、煮豆と市販の漬けもの。この日のテキストに書かれたリードを紹介しよう。

「小学生に、朝食づくりを手伝わせる習慣をつけましょう。食欲をおこさせ、食事づくりに親しみをもたせるためにも、ぜひ、この時期にお子さんを台所に誘ってほしいものです。短い時間も手順よく使えば、充実した朝食ができるはずです」

二日目は、「お母さんが留守をするときに」子どもだけで準備する食卓だ。献立例は、ホットプレートで調理する料理を中心にした「トースト」、「バナナミルク」、「ベークドポテト」、「キャベツとウインナーのいためもの」、「目玉焼き」。もう一例が、前夜に母親が下ごしらえした「菜飯」、「じゃがいもとわかめのみそ汁」、「生揚げとさやえんどうの卵とじ」、「たらこ納豆」、漬けもの。リードの文章は以下のとおり。

「子どもが大きくなると、共働きのお母さんもふえてきます。早朝出勤でお母さんが不在でも、めんどうがらずに食べてほしい——。これが働く母親の願いです。ですから、そんなときの食事には、母親の愛情が感じられるようにくふうしてほしいものです」

一緒に過ごす時間もかぎられている働くお母さんが、毎朝手づくりの食事を用意しておいてくれる。そのことだけでも、子どもは安心するかもしれない。

八月号では「夏休み子ども料理教室」と銘打って、人気者の城戸崎愛先生の特集が組まれた。一日目はおにぎり、二日目はオムレツ、三日目はフルーツゼリー、四日目はカレーライスをつくる。最後に、後ろめたさを感じるであろう母親を励ますメッセージが記されている。

「夏休みは子どもにとって、いろいろな体験ができる絶好のチャンスです。また、小学校5年になると、家庭科で調理も始まりますから、ちょうど食べ物に関心をもつ時期ともいえそうです。そんな時期に、子どもの自主性を重んじ、創造力を豊かに育てるためのひとつの試みとして、料理にとりくませてはいかがでしょう。献立、調理、盛りつけ、テーブルセッティングまで、食事全体の責任を持たせてやることで、子どもたちも、いきいきとその力を発揮してくれることでしょう」

ＮＨＫはとりあえず、母親が働き父親は家事に参加しない実情をふまえ、子どもの料理を提案したのである。

昔、子どもは、親のために働き役に立つことを期待されていた。親子の絆は労働を通して結ばれた。しかし、父親の給料で家族を養う時代となり、子どもは世話を焼かれて遊び、勉強する受け身の存在になっていた。

そういう子どもの役割が、早くも昭和後期には次の時代へ移る兆しが表れていた。その一つが子ども料理である。身の回りのことが自分でできるようになると、生きていくために、自ら食事を調える力を養うことが望ましい。そうして自立すべき時期が早まっていく。

まだまだ専業主婦が主流に見えたこの時期、芽を吹き始めた考え方は、やがて平成の時代になって裾野を広げていく。ＮＨＫは一九九一（平成三）年から二〇〇六（平成十八）年まで続いた長寿番組『ひとりでできるもん！』で、子ども料理という新分野を開拓した。親子料理教室や子ども料理教室もふえ、食育という名で、学校も熱心に子どもたちに料理を教えるようになっていく。

目下のところ注目したいのは昭和後期、主婦の誰もが本格的な外国料理づくりに勤しんでいたわけではなかったという事実である。

昭和後期は、国民の九割が中流意識を持つという、一見一枚岩の時代である。誰もが結婚して子どもを持ち、安定した仕事を得る。しかし、暮らしの実態は、けっこう違っていた。百貨店や輸入食料品店などで食材を仕入れて、パーティに出せる料理を身につけようとした専業主婦がふえた一方で、働く女性もふえはじめていた。手ごたえのある日常を求めて働く女性もいたが、多かったのは生活のため、あるいは子どもの教育資金を得るために働きに出る女性たちだった。

(2) 『オレンジページ』と『ハナコ』

『美味しんぼ』の薀蓄《うんちく》

家庭料理より目立つ形で本格志向が進んだのが、外食だった。外食元年、と言われたのが一九七〇(昭和四十五)年。ファミリーレストランやファストフードのチェーン店が次々とでき、八〇年代には全国に広がる。気軽に行けるレストランに慣れると、人々の欲望はよりおいしいものへと向かう。

飽食の時代といわれるグルメの時代が始まる。七〇年代後半、海外で修業してきた日本人シェフが店を持つようになり、フランス料理の店がふえた。ギョーザやラーメンだけではない、丸テーブルで本格的な中華料理を出す店も各地にできる。飲食店がふえて、食べ歩きがレジャーになる。そこに目をつけたのが、この時期、相次いで創刊されていた青年マンガ誌だった。

代表的なのが『ビッグコミックスピリッツ』(小学館)で一九八三(昭和五十八)年

に始まり、現在も続く『美味しんぼ』（雁屋哲作・花咲アキラ画）である。マンガを読んだ若者たちが、登場人物の大仰な口調をおもしろがって真似し、薀蓄を語ることが流行った。

それまで、男が生活の一部でしかない食事にこだわるのは、卑しくみっともないことことされていた。メディアで食について語る権利があるのは、池波正太郎や開高健といった知識も経験も豊富な名のある作家ぐらいだった。そのタブーを破ったのが、『美味しんぼ』だった。

以降、グルメブームは男女を問わず広がり、グルメを多く扱う女性向け首都圏情報誌『ハナコ』（マガジンハウス・一九八八年創刊）や、男性向けグルメ誌『ダンチュウ』（プレジデント社・一九九〇年創刊）を生み、一流シェフが腕試しを受ける大がかりなキッチンスタジオをしつらえたテレビのバラエティ番組、『料理の鉄人』（フジテレビ系、一九九三年～九九年）に至る。一気にふえたグルメ情報は食への関心を高め、誰もが食を語りおいしいものを求めて食べ歩き、インターネットで買い求める二十一世紀へつながっていく。

『美味しんぼ』は、東西新聞文化部に勤める新人の優等生記者、栗田ゆう子と、ぐうたら社員の山岡士郎が、会社の百周年記念事業の「究極のメニュー」づくりを担当したところから始まる。山岡はめんどくさがりやで栗田をやきもきさせるが、味覚は確かで知識も豊富、人脈も幅広い。

漫才コンビのよう、と形容される二人が、食に絡む問題を抱える人々と出会って解決しながら、グルメブームの裏で横行している不正や、ブランドをありがたがる人々の浅はかさを明らかにしていく。

途中からは、山岡と深い確執のある父、海原雄山が立ち上げた、帝都新聞の「至高のメニュー」との対決が見ものになる。グルメで名高い北大路魯山人がモデルの海原雄山は、本物のグルメが集う美食倶楽部を運営し、陶芸家でもある。

『美味しんぼ』がウケたのは、グルメな親子の人目をはばからぬ対立ぶりがおもしろかったからでもある。キャラクターが立ったライバルの設定も、この連載が長く続く理由の一つだろう。

明治から続く料亭に招かれた山岡士郎と海原雄山親子が偶然再会する。同席した人々は、「渋くて　それでいて暖か味があって、やさしいまろい感じがするが　一本キリリと厳しさがある」マグロの刺身を食べながら、どんな魚が一番うまかったかという話題に花を咲かせる。海原雄山は、宮古のマグロ、明石の鯛、金沢のゴリといったグルメの王道の魚を挙げる。山岡がむっつりした顔で挙げたのは鯖の刺身。それを聞いた海原雄山、鬼の首を取ったかのように吠える。

「うわあっはっはっは!! だから味のわからぬ豚や猿だと言うんだッ、鯖の刺身だと、馬鹿も休み休み言え!!」

大勢の人の前で息子を愚弄した海原雄山は、その味を見てやろうと叫ぶ。山岡士郎は葉山沖に釣りに出かけ、栗田の助けもあって幻の鯖を手に入れる。その刺身を食べた一同は、驚愕する。

「こ、これは何という鮮烈な…!!」

「複雑で深味があって、舌の上でとろけて行く!」

「これに比べると、このあいだ頂いたマグロは、幼稚な味に思えてしまう!!」

「全てがギリギリの線なのですよ、これ以上、香りが強かったら下品になる、これ以上、脂が強かったら下卑た味になる!」

一同に対し、山岡士郎は回遊しないで葉山に残る鯖がいて、ふつうの鯖とはまった

『美味しんぼ』では、登場人物たちが饒舌に料理の味を語り合う

く違う味になるのだとおいしさの秘密を明かす。面目をつぶされた海原雄山は、席を立って去ってしまう。

世の中には、地元の人しか知らないおいしいものがたくさんある。隠れた味を発掘する一方で、大手メーカーの安い日本酒には混ぜものがたくさん入っているといった問題も語る。大仰な対立物語で読者をひきつけながら、食に関する情報をジャーナリスティックに伝えるマンガなのだ。もちろん、中華料理の腕がわかるのはチャーハンで、パスタはカルボナーラだ、といったうまいものを見分けるコツも教えてくれる。

豊かになった社会で、命を守り、産業を支え、人生を楽しむ食の世界を伝え、グルメブームの裏で見落とされている、食品の危険性や偽装問題などにも目を向けさせる。関心を底上げしつつ広げるきっかけをつくったのは、このマンガである。

理想の夫、『クッキングパパ』

語ることがオープンになると、次は腕自慢の男性がマンガに登場する。『ビッグコミックスピリッツ』のライバル誌、『モーニング』(講談社)で一九八五(昭和六十)年に始まった長期連載が、『クッキングパパ』(うえやまとち)である。

主人公の福岡市に住む会社員、荒岩一味は、料理上手であることを秘密にしている。男性が台所に立つことが、はばかられた時代なのだ。しかし、秘密という設定は、物語を盛り上げる役割も果たしている。ヒーローは変身するところを周囲には見せないものだ。荒岩は、こっそりつくった料理を人に食べさせたり、困っている飲食店を手伝ったりする。悩みごとを解決する回もあるが、どちらかというと、おいしいものを食べる幸せを描くほのぼのとした物語が展開する。

毎回、荒岩がつくった料理のレシピが紹介される。かまどをつくってバーベキューをしたり、博多風とんこつラーメンをつくったり、手づくりの生地でピザを焼くといった手間のかかる料理もあれば、白がゆや鉄火丼といったシンプルな料理もある。

このマンガがほのぼのとしているのは、荒岩が家族思いのイクメンという設定だからでもある。地方都市で働く荒岩の職場は、家から原付バイクでわずか五分。新聞記者の妻の帰宅が遅くなるときは、仕事の途中で抜けて夕方に帰り、小学二年生の息子の夕食をつくって一緒に食べ、風呂に入れる。妻が帰ってくると、入れ替わりに職場に戻る。家に仕事を持ち帰って家族と過ごす時間をつくるときもある。妻が仲間と飲むときにも快く送り出す。

荒岩は、理想の上司であるだけでなく、家族を大事にする理想の夫・父なのだ。荒岩がつくる料理は家庭料理なので、家族思いという設定は、おいしさに説得力を持たせる。家族を気づかい、喜ばせたい男がつくる料理は、相手のコンディションや欲求に合わせたものである。食べたかったものだからこそおいしい、という家庭料理ならではの魅力が詰まっている。

『美味しんぼ』と『クッキングパパ』の共通点は、フルタイムで働く女性が、重要な役として登場することだ。彼女たちは年齢を重ね、結婚したり子どもを持っても仕事を辞めない。そういう設定にリアリティが出てきたのが、八〇年代だった。

女性の自立をうたった『クロワッサン』(マガジンハウス)が創刊されたのが、一九七七(昭和五十二)年、女性の転職情報誌『とらばーゆ』(リクルート)は一九八〇

（昭和五十五）年創刊。七〇年代後半から、流通など女性が顧客の企業が、企画部門に登用するなど戦力として女性を活用し始めた。オイルショックを受けて、女性を正社員からパートへと切り替え経費をへらそうとした企業は多かったが、責任を与えて能力を伸ばすことで成長しようとした企業もあった。

一九八六（昭和六十一）年には、男女雇用機会均等法が施行された。そして、少なくとも建前上は、男性と同じ就職の機会と責任を女性に与える企業がふえた。

バブルへ向かう好景気に背中を押され、新しいことをやってみよう、と判断した企業もあっただろうし、転勤、残業、休日出勤などですりへった男性に比べて元気でやる気満々な彼女たちに、新しい知恵を求めた部分もあっただろう。女性の視点がもてはやされた時代だった。

メディアの世界では、『日経ウーマン』（日経ホーム出版社）が一九八八（昭和六十三）年に創刊された。同じ年、ニュース雑誌として創刊された『アエラ』（朝日新聞社）も、次第にキャリア女性を意識したつくりになっていく。

独身者はもちろん、家庭を持ちながら働く女性もふえた。しかし、「家庭のことに支障がない程度に」と夫に釘を刺された女性や、主婦業こそ本業と心得る女性は、パートなどの短時間勤務で働くしかなかったし、フルタイムで働く場合は睡眠時間を削って仕事をし、家族のために三食調える完璧な妻・母をめざした。荒岩一味のような男性は現実には少なく、妻でもある女性たちは、家事・育児を独りで引き受けながら、男性に伍して働くバイタリティが求められた。男は職場、女は家庭という分担意識は、そう簡単には変わらなかったのである。

働く女性の味方、小林カツ代

共働き第一世代の味方になった料理研究家が、小林カツ代だった。一九六四年ごろ、テレビ番組に投書したことをきっかけに大阪のワイドショーに出演して料理をつくりはじめた小林は、度胸の大きさと手際のよさがうけて人気者になる。

小林が生まれたのは、日中戦争がはじまったころだ。大阪・船場で製菓材料の卸問屋を築き上げたグルメの父と、元旗本の家の出である母のもとで、何不自由ない生活を送って二十一歳で三歳年上の薬品系研究者と結婚する。新婚当時は、乾燥わかめをみそ汁に大量に入れて鍋からあふれさせた。料理をまるで知らなかった小林は、母親に相談するほか独学で研究しながら腕を上げていった。科学としての料理の基本を押さえつつ、自由な発想が持ち味である。

『料理の鉄人』にも出演し、中華の鉄人、陳建一に勝利した初の主婦として注目を集めたが、本人はキャッチフレーズに「主婦」とつけられることを拒否していた。『アエラ』の「現代の肖像」(一九九六年十一月十八日号)の取材で、次のように振り返っている。

「親近感を呼ぶために『主婦』を出してくるのはおかしい。『主婦』ということで私のステイタスを上げようとしているのなら、主婦でない人にも主婦にも失礼ではないか。まして、この番組は、プロとプロの戦いだから面白いのであって、『鉄人』にも失礼じゃないですか」

専業主婦が主流の時代に、あえて働くことを選んで男社会に入っていった共働き第一世代らしい自負である。その小林の、衝撃と反発を呼んだレシピ本が、一九八〇年に出た『小林カツ代のらくらくクッキング』(文化出版局)である。

最初に登場するのは、いかにもおいしそうな茶色の丸ごとチキンである。オーブンで焼いたローストかと思いきや、三十分間中華鍋で揚げた素揚げなのである。その後も、驚きの簡単料理が続く。ケチャップ・ウスターソースとワインで茶色く煮込んだ、ビーフシチューと見紛う豚肉のシチュー。具材を炒めて、ご飯に混ぜるチキンライス。

ミートボールとワンタンの皮を別々に浮かべた「わが道を行くワンタン」もある。節約料理もあれば、おもてなし料理もある。

コロンブスの卵のような大胆な発想で、プロセスを簡略化した料理を提案した。手の込んだ料理を毎日つくることが主婦の仕事、と思われていた時代である。家族は好きだがつくるほうは大変、という料理を、忙しくても何とか食卓にのせたい。時間は短縮するが家庭の味は守る、というポリシーと愛情が伝わってくる。

この本のあとがきで、何もつくれないところから出発した、働く母、働く妻としての実感を小林は綴っている。

「よく、失敗を恐れるなといいますが、料理やお菓子は、失敗するとほんとにがっかりしてしまいます。夕食のおかずはこれっきりというときに、とても食べられたものじゃない料理が仕上がったら、どんなにか情けないと思います。

だから私は、料理でもお菓子でも、できるだけ失敗しない、やさしく作れる方法をまず考え、紹介していきたいのです」

小林はその後約四半世紀にわたり、第一線で活躍し続けた。それは、手軽においしくつくれる料理が、幅広く支持されたからである。その母をみながら育った息子は、長じて料理研究家になった。二〇〇〇年代に人気を伸ばして書籍にテレビにと大活躍したケンタロウである。

『オレンジページ』世代

高度成長期、女性たちは進んで家庭に入り、主婦を名乗った。しかし、その毎日が暇で単調なことに気づき、外に出ようとした者もいる。押しとどめようとしたのは、上げ膳据え膳の生活に慣れた男たちである。そして、外で活躍する嫁や娘を快く思わない、年配の女性たちである。

昭和後期、主婦が独りで料理して、洗濯や掃除をして家の中を整え、家族がそのことに無頓着でいられるような暮らしが、あるべき家庭の姿とされていた。自分の存在価値をアピールするために、家事や育児に手をかけることが必要、と考えた専業主婦たちは手間を惜しまなかった。一方で、家事に手を抜いたり惣菜を買う既婚女性は、怠けものとして批判された。子どもがいるのに働いたりすれば、その子は「カギっ子」と呼ばれ、不憫がられた。

母親が主婦業に手を抜くと、愛情不足になった子どもたちが、非行に走るかもしれなかった。校内暴力の嵐が吹き荒れ、非行少女を持つ親の告白本、『積木くずし』（桐原書店）が大ヒットした時代である。不良化する子どもの原因は家庭に、もっとはっきりいえば、家族をほったらかしにする主婦にあるとされた。

料理は最も手を抜いてはならない分野だった。しかし、手づくりは手の込んだ料理を数多く食卓に並べることとイコールではない。三食手のかかった日替わり献立を休みなく十年、二十年調え続けなければならない、とする風潮は主婦にとって重荷になる。そんな世間の圧力に、小林カツ代は風穴を開けた。手のかかる食事の支度に疲れていた主婦たちに支持されたから、小林カツ代は売れっ子になったのである。

小林が活躍し始めた八〇年代、主婦雑誌は売れなくなってきていた。四大婦人総合誌と言われた雑誌の三誌が、八〇年代後半から九〇年代初めにかけて、相次いで廃刊となった。女性が求めるようになったのは、小林が提案するような、手間をかけずにできるおいしい料理のつくり方である。働く主婦には、家の外にも居場所がある。主婦をアピールするための料理より、忙しくてもできる料理が求められる時代になったのである。

一九八五年、求められていた料理雑誌が生まれた。三十年たった今も約三十万部（日本ABC調べ）を売る『オレンジページ』（株式会社オレンジページ）である。当時のトップスーパー、ダイエーが出した雑誌は、スーパーで手に入る食材を使った料理をたくさん紹介し、買いものついでに手に取れるレジ横に置かれた。

創刊スタッフは、「読みたい雑誌がない」と言う主婦たちが大勢いることを知り、彼女たちがレシピ情報源としているチラシをヒントにつくったという。「二百円だけが売り物じゃなく〈皆様と御一緒に〉を目玉にしたいと思います」と謳って月刊誌として創刊した雑誌は、読者の絶大な支持を受けて四年目の一九八八（昭和六十三）年には月二回の発行となる。

『オレンジページ』の特徴は、一つの食材や定番人気料理のジャンルを特集の切り口にして、さまざまな味つけのバリエーションを提案すること。そして、コツが必要なプロセスについては、写真と文章でていねいに説明することである。

『オレンジページ』の登場は、主婦の鑑をめざす精神論より、実用に徹する料理を中心とした生活情報誌という分野を定着させた。旧来の主婦雑誌と入れ替わるように、一九八一（昭和五十六）年に『エッセ』（扶桑社）が、一九八七（昭和六十二）年には『レタスクラブ』（角川マガジンズ）が創刊されている。

料理が苦手と思っている人、マンネリに陥りがちな日々の食卓の目先を変えたい人に、料理雑誌は寄り添う。新婚女性はもちろん、一人暮らしの人にも、食事の支度がめんどうになってきた中年主婦にも求められる味を提案する。

たとえば、一九八八年三月号の特集はキャベツである。キャベツや大根、白菜といった量の多い野菜を、目先を変えつつどう使いきるか。現実的な悩みに応える提案をして、若い世代に支持された。

この号では、巻頭ページで、五枚のプロセス写真つきでキャベツのおいしいせん切りのしかたが紹介される。そののち、調理法別に意外な素材や調味料を組み合わせた料理が次々に登場する。生で使う調理法として紹介される料理を挙げてみよう。

「キャベツとあおやぎ＋いちごドレッシング」
「キャベツとレーズン＋フレンチドレッシング」
「キャベツとセロリ＋アンチョビードレッシング」
「生野菜のさっぱりマリネ」
「ちぎりキャベツのホットサラダ」

ドレッシングは手づくりである。ようするにサラダなのだが、いちごやレーズンといったお菓子に使うような素材も入るところが目新しかった。

このほかにも、「キャベツとゆで卵のグラタン」、「キャベツと豚肉のワイン蒸し」、「キャベツとさば缶のいり煮」など、煮たり焼いたり蒸したりと手を替え品を替え、二十八種類もキャベツ料理が紹介される。

『オレンジページ』が創刊された一九八五年、三十歳の主婦は一九五五（昭和三十）年生まれ、二十五歳は一九六〇（昭和三十五）年生まれである。高度成長期に育った彼女たちは、洋食も中華も日常的に食べてきた。台所に、見たこともない新しい世界は広がっていない。それに主婦も忙しくなった。

働く主婦は、毎日手のかかる複雑なプロセスの料理で腕前を披露するより、あまり考えずに慣れた手順で目先を変えたい。素材を腐らせないで上手に使いきりたい。ならば同じ調理法で調味料を変えたほうがラク、という発見を『オレンジページ』はした。塩味、中華風、みそ味、アンチョビー味、韓国風、チーズ味などさまざまな味つけが登場する。味つけのレパートリーの多さが、主婦の腕の見せどころとなっていく。

本格的な味を出せるさまざまな外国料理の調味料が定着したのも、八〇年代半ばごろから十年あまりの間である。豆板醬、オイスターソースといった中華料理の調味料。コチュジャン、キムチで韓国風。ターメリックやガラムマサラなどエスニック風味をつくるスパイス。バジルやローズマリーなどのハーブで、ヨーロッパ風。ナムプラー、香菜といった東南アジアの食材や調味料も身近になっていく。

家庭料理の味のバリエーションがふえていくのは、グルメブームや海外旅行者の増加によって、外国の味に慣れた層が広がっていくからである。日替わり献立が食卓に並ぶのを当たり前と考える世代が、ますます舌を肥やし、求めるバリエーションの変化に際限がなくなっていく。その前哨戦が始まったことが、一九八八年の『オレンジページ』を見るとわかる。

味つけのバリエーションに注目して、今度は四月号の鶏肉特集を見てみよう。「梅肉蒸し」は、梅干し・酒・ごま油・しょう油・砂糖・にんにくのすりおろし・しょうがのみじん切り・片栗粉のたれをからめて蒸す。「手羽先のたれ焼き」は、はちみつ・酒・赤みそ・砂糖のたれをつけてオーブンで焼く。「マスタードソテー」は、粒マスタードを使用する。さまざまな素材をプラスして、目先の変わった味を生む。

このころ外食の世界では、創作料理、無国籍料理というジャンルが生まれていた。和洋中の味や素材を自由に組み合わせたオリジナル料理を出す店だ。

同じことが家庭料理の世界でも起こった。本物の外国料理を学びたい、という専業主婦の欲求が高まったのはつい数年前のことなのに、洋食を食べ慣れた新しい世代の主婦たちの発想は違っていた。プロセスは簡単でも本場の調味料を使えば、それらしい味はできる。外で覚えてきた味をアレンジして自分流の料理をつくりたい。そのアイデアをくれるのが、料理雑誌だった。

スパイスがまだポピュラーでなかったことは、七月号のカレー特集でカレー粉やカレールウを使っていることからわかる。しかし、特集になるぐらいなので、登場するカレーの種類は多い。チキンかビーフかポークか、などというレベルでは済まないバリエーションを紹介しよう。

まずは「20分でできるスピードカレーライス」。

スピード料理にするポイントは、材料を薄く切ったり、小さめに切ること、火が通りやすい食材を使うことだ。

「ソーセージとじゃがいものカレー」は、ほかの具材はたまねぎ、グリンピースのみ。火が通りにくい定番食材、にんじんは入っていない。「帆立てときゅうりのカレー」は、帆立貝柱の水煮缶詰ときゅうりが具材。牛乳を加えて、かくし味にしょう油を入れるかぼちゃカレーもある。

続いて「市販のルーにひと工夫　いつもと違うカレーライス」が登場。

「パプリカとトマトジュースで風味豊かに」という見出しで、「揚げなすとしし唐のパプリカ風味」のカレーが紹介される。このほか、「大根おろし入り和風カレー」や

「たことバナナのピリピリカレー」がある。定番カレーしか知らないと、味を想像しにくい料理が並んでいる。

パーティ用のカレーライス、カレー粉を使ったおかず、そしてカレー風味のおつまみで終了する。紹介されるカレー料理は十七種類。このほかにつけ合わせのレシピもある。

二十分で、とか、十五分で、三十分で、という言葉はこのころから、主婦向けの料理雑誌で定番のキャッチフレーズになっていく。何しろ、主婦は忙しい。朝は、バラバラの時間に出ていく家族のために朝食やお弁当をつくらなければならないし、自分も出勤しないといけない。夜は夜で、化粧も落とさないうちから支度にかかり、お腹をすかせて待っている家族のために、手早く料理しなければならない。

家事は主婦が独りで行うことが当たり前だった。朝も子どもの食事につき合っている暇があったら、洗濯をしたり夕食の下ごしらえをしたい。家族とのコミュニケーションより優先しなければならなかったのは、外で働いていようが果たさなければならない主婦の務めだった。

料理メディアで、時間短縮という切り口がこの時期から定番化していくのは、しかし、働く女性がふえたからだけだったのだろうか。その実態は、九〇年代になるとはっきりと表れてくる。とりあえずは、一九八八年の『オレンジページ』である。

この年、人気を受けて十月から月二回の発行となった。編集部は、生活情報雑誌の代表となったことに責任を感じたのか、アレンジに偏っていた特集に、和食という王道を持ち込む。ちなみにこの年、一月号にも十二月号にもおせち料理特集はない。日々の献立づくりの助っ人に徹する雑誌が組んだ、和食特集。それが十一月十七日号の、「みんな大好き和風のおかず　おばあちゃんの味」だ。特集のリードは、和食は敷居が高いと感じている読者を想定している。

「おばあちゃんの時代から親しまれてきたおかずは、飽きのこない素朴な味と、あったかい表情が魅力です。野菜もたっぷり入っていて、栄養面でも見直したいものですね。小さいときからよく食べていても、作り方は知らないのではないかしら。作ってみると意外と簡単。煮もの、みそ汁、ご飯など、おいしいメニューをそろえました」

八〇年代の主婦は、アレンジ料理は得意だが、昔ながらの料理はつくり方を知らないらしい。しかも、その味は母ではなく、祖母の味。八〇年代に生活情報雑誌を読む

左は『ハナコ』創刊号。右は『オレンジページ』創刊号

ようになった世代の主婦にとって、母の味は洋食なのである。

この特集で紹介されるのは、「筑前煮」や「かぶと厚揚げの含め煮」、「きんぴらごぼう」、「ひじきの五目煮」、「おから」、「切り干し大根」、「いわしの梅煮」、「ぶりの照り焼き」、「炊き込みご飯」、「みそ汁」、「即席漬け」、「五目しろあえ」、「わけぎととり貝のぬた」、「たこときゅうりの酢のもの」、「小松菜のおひたし」など和食といえば連想する定番の料理ばかり。

高度成長期、『きょうの料理』がおせちのつくり方を知らない主婦たちを発見したが、昭和の終わりになると、『オレンジページ』が和惣菜のつくり方を知らない主婦層を発見する。ふだんのおかずすら、和食のつくり方は知らない世代が登場している。難しそう、という偏見を見越し、手軽さを強調する説明文が目立つ。

炒め煮の見出しは「さっと作れる昔ながらのお総菜」。魚のおかずは「作ってみると意外に簡単」。みそ汁は、「だしのおいしさが決め手です」。リードには、「おばあちゃんのみそ汁がおいしいのは、ちゃんとだしをとっていること」とある。味の素がインスタントの「ほんだし」を販売したのが一九七〇年、マルコメ味噌（現・マルコメ）がだし入りみそを発売したのは一九八二年。だしをとらない、あるいはとり方を知らないことは、すっかり当たり前になっていたのだ。

お惣菜派の主婦たち

昭和後期は、合わせ調味料が次々と生まれた時代である。サラダにかけるドレッシングには、さまざまな味のバリエーションが出そろった。めんつゆの消費量が伸びる。麻婆豆腐の素など、中華系の合わせ調味料も登場した。オイスターソースやスパイスが広まる前で、外食で知った本格的な外国料理の味を真似したい、という欲求に応える商品が次々に出てきた。

調理を簡単にしたい、というニーズももちろんあった。いつの時代も、凝った料理を手づくりする人は少数派だ。高度成長期に、手間がかかる料理のインスタント食品が次々と出て定着したように、昭和後期には手順や食材で目先を変える合わせ調味料が広まったのである。

温めなおしの機能を売りものにした、電子レンジが浸透していく時期でもある。料理をあらかじめつくっておけば、お母さんが仕事で遅くなっても、子どもは自分で食事を準備できる。個食が広がるわけである。電子レンジ用の最初の加工食品、ハウスのレンジグルメが発売されたのは一九八五年だ。

一九七四年に日本に入ってきたコンビニエンスストアも、八〇年代に広がっていった。アメリカで生まれたコンビニが日本人に受け入れられたきっかけは、おにぎりを販売したことだった。おでんも定番化し、インスタントのみそ汁も、お弁当も置かれている。持ち帰り弁当店が普及したのも同じころだ。

つくらなくても家で食事ができる時代がやってきた。しかし、手を抜こうとする主婦への風当たりは強い。小林カツ代が一九八二年に出したエッセイ集『働く女性のキッチンライフ』（大和書房）にある、デパ地下について取り上げた章「おそうざい売場利用法」から、当時の風潮をうかがい知ることができる。

「私は、世のヒンシュク派ほどおそうざい売り場で買う女性たちをあきれた目で見る気がしないのです」

「近頃はおそうざいといえども有名なレストランやお料理屋さんの出店の高級おそうざい売場が増えました。嬉しいことに、値段も手ごろというのも多く、手間やその他のことを考えると、そう高いものにつかないようです。たとえばそんな中のひとつ、卵焼きで有名なお店のものを買って帰ったとしたら、少しの大根おろしでも添えることが出来れば、それだけでも違います」

昭和後期は、お惣菜を皿に移し替えるだけで主婦の真心が伝わると言ってみたり、買ってきたお惣菜も並べ品数をふやした食卓を手づくりと主張する若い主婦が出てきた、などと批判されたものだった。

手づくりを強調し、言い訳しなければならないのは、手をかけるのが主婦というプレッシャーがそれほど強かったからである。結婚した以上、女性が家事全般を引き受けることが当たり前で、「料理するのがめんどくさい」と言うのは、はばかられた。

仕事で疲れて帰ってきても、家族はテレビを観ながらぼんやり待っているだけ。それでいて品数が少なかったり、昨日と同じものが出てくると文句を言う。働くことを許してもらっている、という後ろめたさから、疲れた主婦はお惣菜に手を伸ばす。手づくり料理へのプレッシャーが強くなるのと同時進行でお惣菜が広まった背景には、世代交代もある。

いつの時代もそうだが、新しい傾向を批判するのは、中年から上の世代だ。日ごと手をかけた料理を出す妻や、家電のない台所で忙しく立ち働く妻や母を見てきた。彼や彼女は、台所にいるお母さん、を一つの風景として懐かしく思っているのかもしれない。

当時の若い主婦は高度成長期生まれだ。母親が専業主婦で、日替わりの食卓を調えてくれる環境で育った男女が、家庭を持つ時代に入った。

お母さんがつくったロールキャベツやハンバーグを当たり前に食べて育った世代が、結婚した。夫は母と同じケアを妻に求め、妻は母のように、手をかけた料理を調えるべきだと考える。

彼女たちの中には、家の手伝いをほとんどしないで育った女性も少なくなかった。母親がいないとか、食うや食わずの生活で料理どころではなかったとか、そういう理由ではない。キッチンを自分の職場と心得る母が、娘を台所に入れなかったからだ。家事の基礎も、家の中で働く習慣も身についていない。小林カツ代のようなお金持ちのお嬢さんだけではなく、庶民の家で育った女性でも、家事らしい家事をしないで大人になった人がふえはじめていた。

ハナコ族のグルメ

さて、八〇年代後半といえば、バブル景気である。

バブル期には、お金がかかるさまざまなレジャーが流行った。ディスコ、スポーツタイプのおしゃれな乗用車でのドライブデート。海にスキーにテニス。海外旅行。円高になって若い女性の海外旅行が急速にふえた。買いもののために旅行をする人もふえた。エルメスのスカーフ、ヴィトンのバッグといったブランド品を買うために、香港へ、パリへとくり出す。リチャード・ジノリ、ウェッジウッドのティーセットなど、ブランド食器も人気が高かった。

そしてグルメ。グルメブームと言われてそろそろ十年。懐にゆとりができた若者たちは、クリスマスにはフランス料理のフルコースを食べて、シティホテルに泊まるぜいたくなデートをしたがった。十二月二十四日のシティホテルは、デートする若者たちの予約で埋まった。

とはいえ、学生や新入社員の身分で現実的に行けるのは、フランス料理より入りやすいイタリア料理店という人が多かった。イタ飯と呼ばれて若者に親しまれたイタリア料理店で出されるデザートのティラミスは、食品メーカーやファミレスまで巻き込む大流行となった。

食べることに貪欲で、情報をたくさん持っていたのは、そもそも食を語るタブーを持たない女性たちだった。

働く女性が珍しくない時代になり、以前なら家事手伝い、といって結婚するまで家にいた層も、就職するようになった。男女雇用機会均等法に後押しされ、人手不足の企業が積極的に正社員の女性を雇った時代である。結婚年齢も上がり始めていた。自由になるお金と時間を最も持っていたのは、若い女性たちだったかもしれない。

彼女たちの消費欲を盛り上げたのは、女性ファッション誌、トレンディドラマ、そして一九八八年に創刊された首都圏情報誌、『ハナコ』だった。その影響力の大きさは、ハナコ族、ハナコ世代という流行語を生むほどだった。

それまで、若い女性が贅沢を知ろうと思えば、お金を持った大人の男性のリードに頼らなければならなかった。ホテルのバーも高級レストランも、銀座など大人の街の老舗の店も、若い女性だけで入れるような場所ではなかった。しかし、情報とお金を手に入れた女性がふえたバブル期には、それが変わっていった。

若い女性が、男性のエスコートなしに高級レストランへ行く。グルメ、通と尊敬された大人しか知らなかった店に入る。それだけではない。男たちのオアシスだった居酒屋や定食屋ののれんもくぐる。男の領域に平気で入っていく女性たちは、オヤジギャルと言われた。男たちと同じように働く場を得、責任を与えられて働いている自負と、十分な収入を持っている。

余計な気を遣わず体も張らず自分の財布で遊びたい。フットワークが軽くなった女性に情報を与えてくれたのが、『ハナコ』だった。

一九八八年七月七日号は、「究極の街、銀座特集」。食に関するキャッチはこんなふうだ。

「たっぷり時間をかけたホテルの朝食はステイタス」

「ビジネスは夜もある。だから、女性も一度は銀座の一流クラブや料亭に行ってみる」

八月十一／十八日合併号は「六本木はお金がかからない――5000円でシッカリ遊ぶ六本木特集」。

「黄昏に気分を着替えて、おしゃれなバーへ小旅行」

「六本木の喧騒から逃避行するなら、気楽でおいしい和食の店がいい」

「味にうるさいファンを二分する、西麻布vs麻布十番の焼き肉屋ゾーン」


大人の街を堪能したハナコ族は下町へも行く。一九八九（平成元）年二月二日号が下町特集だ。


「浅草　粋な人も粋でない人も浅草の味なら心引かれる」

「人形町　ここは東京の〝食い倒れ〟。街中丸ごと味自慢です」

「谷中・根津・千駄木　お寺と坂道に挟まれた文人の町で文体のあるうまさを見つける」

「上野　上野の森。人の波。時代の流れに磨かれて、一級の味と心意気が生まれた」


気合いの入ったキャッチフレーズが並ぶ。さまざまなメディアがその後、くり返し特集し、常識になっていった街のおしゃれスポットもしぶい魅力も、最初に教えてくれたメディアは八〇年代の『ハナコ』だった。

東京の人は意外に東京を知らない。最寄りのターミナル駅周辺で満足して、他の街へはなかなか行かない。しかし、自分のお金で遊べるようになった若い女性は好奇心旺盛だ。東京という大都会に夢を抱いてやってきた地方出身者は、さらに貪欲だ。『ハナコ』は、大きすぎて知らない街だらけの東京を、首都圏に住む人たちに伝えるガイドブックでもあった。

さまざまな街や買いもの情報が詰め込まれた『ハナコ』の中で目立つのが、百貨店に関する記事だ。その中にデパ地下がくり返し登場する。

早くも創刊二号目の六月九日号で、「デパートの巨大食料品売場を徹底的に情報化!」という記事がある。一流ホテルの缶詰スープやシェ・松尾特製デザートなど、名店の惣菜でコースディナーを食べようと提案する。

六月二十三日号では、二〇〇〇年代に定着したデパ地下という言葉がいち早く登場している。

「ひとりの食卓を個食で楽しく飾ろう。デパ地下〝個食パック〟セレクション」

専門家が心痛める個食も、ハナコ族の手にかかると、一人暮らしならではの楽しみになる。

デパ地下に限らず、持ち帰り惣菜に関する記事は多い。十一月二十四日号では、「食べ物の話をするとき困らない　ひとケタ上の最新食料品情報」を特集して、フォション、トロワグロ、ダロワイヨ、エディアールなど一九八〇年代にデパ地下に入ったばかりのフランス発の高級店の惣菜をすすめ、「都会女性のグルメ必修科目は、都心の四大食料品専門店、デリメニューの活用法」とたたみかける。

下町の惣菜もチェックする。一九八九年二月十六日号では、「西小山　デリカストリート　西小山本通り商店街は、お惣菜天国」という紹介がある。

首都圏で一人暮らしをする女性のガイドブックとして機能した『ハナコ』が提案する食は、外食と惣菜ばかりだ。ごくたまにレシピの記事もあるが、創刊から一年間で二回しか出てこない。ハナコ族は料理をしない。できないのかもしれないが、それ以前に忙しくてつくる時間がない。

門戸が広がったとはいえ、それまでほとんどの企業は、女性は補助職でしかなかった。総合職第一世代を取り囲む男性たちは、「女にどれほどの仕事ができるのか」と目を光らせている。認められるには男並みに残業し、男以上に成果を上げなければならない。

仕事が終われば、疲れはてて誰もいない部屋へ帰るのだ。少しぐらいラクをしたって、おいしいものを食べたっていいではないか。おいしいものを食べれば、少しは癒されるのだから。妻帯者の男たちと違い、一人暮らしの女を「おかえり」と迎えてくれる人はいない。「がんばった自分へのごほうび」という言葉が広まっていくのは、まもなく始まる九〇年代だ。

同じころ、大勢の人が利用するようになった持ち帰って食べる食事のスタイルを、まとめて中食《なかしょく》と呼ぶ名前が定着した。

『ハナコ』の功績は、つくらない女に市民権を与えたことだ。つくってあげなければならない家庭を持たない一人暮らしの女性から広まった、つくらないライフスタイルは、やがて家族を持つ女性たちをも巻き込んでいく。

《コラム》進化する料理写真

一九七〇年創刊の『アンアン』が画期的だった理由の一つは、カラーページ中心のオールグラビアだったことである。料理の世界では、ひと足早く一九六六年にNHKの『きょうの料理』がカラー放送されていた。テキストをカラー化したのは、一九六九年である。

八〇年代初めまで、出版の世界でグラビアが特別であることは変わらず、写真は説明的だった。完成した料理がどんなもので、どんな器にどのように盛りつけるのか。プロセス写真では、どこに包丁を入れるのか、泡立てた卵がどう変化するか。言葉では説明できない要素を伝える。

庶民には縁遠かった外国料理・料亭料理の世界では、憧れをかきたてる役割も重要だった。ブランド食器に盛りつけたコース料理を一枚の写真に収める。特集テーマに登場する料理をそれぞれ大皿に盛って見せる。料理写真の礎をつくった写真家、故佐伯義勝は「昔はいい料理人といい器、いい小道具なんかでがっちり固めて、『どうだ!』という写真ばかりでした」(『日々』十三号　二〇〇八年九月　アトリエ・ヴィ)と語っている。

一九八〇年ごろ、ストロボが普及して瞬間を見せる撮影が広まる。以前はライトの熱で料理が乾くので、油や酒を塗って照りを出すといった操作が必要だった。そうなる前に撮影できる。ワインを注ぐ瞬間も撮れる。

八〇年代は、一億総中流時代と言われ、豊かさが行き渡った時代だった。そのころから料理写真は多様化する。

器の端を切った写真や料理をアップにする惣菜レシピ写真の定番を、いち早く始めたのは、『クロワッサン』だった。八〇年代前半、同誌のアシスタントから料理写真家の道に入った今清水隆宏さんは、「身近に見せよう、この一品でおいしそうなところへ寄って行こう。それで、A4変型見開きで実物より大きな米粒のご飯の写真が登場した。ものすごく新鮮でした」と言う。

グルメブームを背景に一九九〇年に創刊された『ダンチュウ』は、食べる瞬間の視線をイメージした撮影を行う。大型カメラではなく、35㎜カメラで被写体に寄り、ラーメンの麺を持ち上げてピントを合わせ、絵にならない背景はボカす。グルメ雑誌で定番となったスタイルである。

屋外や窓からの自然光を活かし、空間の雰囲気とともに見せる写真は、七〇年代末から登場していたが、二〇〇三年創刊のライフスタイル誌『クウネル』、『天然生活』が洗練させて人気となった。

上は『可愛い女へ。料理の絵本』
下は2000年代の今清水隆宏さんの
写真

パトリス・ジュリアンやパリ在住の上野万梨子など、ヨーロッパの流れを持つ料理研究家の本では、真上や斜めから撮るアーティスティックな技法も使われる。料理写真は、伝えたい世界を表現する記号だ。二〇一〇年代のレシピ本には、カメラを少し引いて皿全体にピントを合わせるものが目立つようになった。写真の中の料理は、もはや憧れや欲望を煽らない。押しつけないで、見る人に選ばせる時代になったのである。

第三章　家庭料理バブルの崩壊——一九九〇年代

（1）キャリア女性は料理下手⁉

昭和が遠のき変わる食卓

平成二年から始まった九〇年代は、長く続いた昭和という時代を終わらせる十年間だった。社会の大きな転換は、食の世界にも影響を与えている。

一九九一（平成三）年、バブル経済が崩壊し、金融機関が大量の不良債権を抱え込む。その結果、一九九七（平成九）年に山一證券が倒産し、北海道拓殖銀行が破綻した。一九九五（平成七）年に起こった阪神淡路大震災は、昭和の繁栄の象徴だった新幹線や高速道路の橋脚を倒し、都市のもろさを見せつけた。

不況は企業を直撃し、雇用にその刃が向かった。みんなで豊かになろうと戦後築いた安定雇用と、年齢や勤続年数に応じた昇給、昇進のしくみは、国際競争力を削ぐと言われて見直しの対象となる。先輩が若者を育て、皆で問題を解決しようと取り組む、和気あいあいとした職場は過去のものになる。中高年はリストラに怯え、若者は就職難か多忙にあえぐ。

昭和は、大国に仲間入りしようと、なりふり構わずがんばった人々が築いた時代だった。敗戦で終わった第二次世界大戦も、大東亜共栄圏という旗印のもとに、日本を世界的な強国として認めさせようとした試みだった。

その前、そしてその後も、日本が続けて成功した努力は、経済で欧米に並ぼうという方法である。近代化を進めて大きくなった企業は、大量生産の仕組みをつくり上げた。たくさんつくればコストが下がる。効率化を進めればさらに安くなる。そうやって昭和の時代に世界的な大企業に成長したのが、消費者の暮らしを豊かにし、さまざまな中小企業に支えられた製造業のトヨタやパナソニック、キヤノンなどだった。

企業という効率的なシステムが広まって、社会の構造と人々のライフスタイルを変えたとき、食の世界にも影響が及んだ。昭和の時代は、日常の中に人をもてなす食卓があった。それは家を行き来する人間関係があったからである。

村落共同体ごとに祭りが行われていた時代、人と人の絆は、複雑に絡み合った利害で結ばれていた。機械が労働をらくにする前は、何をするにも人手が必要だった。田植えや収穫、漁のときに助け合う。家族や一族でモノをつくり売る。ともに都会に出てきて支え合う。若者の下宿先は親戚の家。結婚相手は知り合いの紹介。子どもは、親戚が母親を支え、近所の人たちが見守りご飯を食べさせる中で育っていった。

そういう地縁・血縁のネットワークが、昭和の後半になるとほどけ始める。

地方から出てきて就職した人々が暮らす郊外の町に、地域でつくる祭りはない。働く場は都心にあるのだから、生活と仕事が混然となった人づき合いは育たない。

それでも昭和半ばごろまで、お父さんが取引先の人や後輩を連れて帰ったり、子どもたちが友達を連れて来て、家族はお互いの交友関係を知ることができた。家族を通して未知の世界に触れ新しい人間関係が生まれた。場を取り持つのが食卓だった。

七〇年代になると、大量生産の仕組みが加工食品以外の食の世界にも広がっていく。まず、一カ所で集中的に下ごしらえして、同じメニューを全店で出す外食産業が発達する。所得が上がって外食文化が発達し、チェーン以外の外食店もふえる。外で気軽に食べられるようになると、お父さんの飲み会も、お兄ちゃんやお姉ちゃんの友達とのおしゃべりも、外の店で行われるようになる。お兄ちゃんの友達と妹が結婚する、などという出会いもへっていく。

次に広がったのが、家に持ち帰れる中食産業だった。コンビニや持ち帰り弁当の料理は工場の機械がつくる。手作業の場合も、まとめてつくることで効率化できた。外食・中食産業の発達によって、見えないところで壊れ始めていた昭和の世界があった。家庭料理である。

食事を外食・中食でとる食の外部化率が四割を超えたのは、一九九〇年だった。一日一食を外で食べると三割だ。四割を超えるということは、夕食も外でとる、あるいは何品かは中食で済ませるということである。

企業社会化の波は、家庭の中にまで及んでいたのである。高度成長期には家電や立ち流し式のキッチン、スーパーが食卓を豊かにした。不況になって主婦が忙しくなると、食卓の豊かさを維持するために料理の外注化が進んでいく。共働き時代を見越した企業が、便利な加工食品や惣菜を商売にするからである。

食卓が企業社会に組み込まれていった原因はもう一つあって、それは人々が食卓に変化を求めるようになったことである。

高度成長期、家庭料理のバリエーションがふえて、日替わりで豊かな食卓が当たり前になった。外食体験が重なると、その味を求めて家庭料理のハードルはますます上がる。台所に常備される食材の種類がふえる。やがて、求める味のレベルが主婦の手に余るようになる。

家の外には手軽に食べられる外食店がある。色とりどりの惣菜が、店頭でおいしそうに並んでいる。モノを買う生活に慣れ、時間に追われる人々が、つくる手間を省略してくれる誘惑に勝てるだろうか。そして経済より一足早く、家庭料理のバブルがはじけたのである。

デパ地下・RF1のサラダ

昭和の時代、外で稼ぐのは夫の役割だった。男たちは家庭を妻任せにして仕事に励み、長時間労働をするのが当たり前になった。平成になって、家庭を人任せにした男の職場で働く人生を送り始めた女性が苦労したのは、家事・子育ての時間を生み出すことである。子育ては、実家や保育園など、フォローしてくれる関係が地元にないと両立が難しいが、家事は外注できる。とくに毎日欠かせない食事の支度。

平成の時代に拡大していく中食産業を支えたのは、働く主婦だった。都心のオフィスで働く彼女たちが残業を済ませて最寄りの駅に着くころ、スーパーや八百屋は閉まっている。彼女たちは夕食の材料を買いに、百貨店の地下にある食材売り場へ行く。

そのころ、デパ地下の目につく場所に次々とできはじめたのが、白い柱や壁に赤・

青・緑のロゴマークが目立つ洋惣菜店のRF1だった。

RF1の目玉は、山盛りになった色とりどりのサラダである。緑や赤の葉もの野菜、かぼちゃやひじき、根菜類、肉や魚介も使った斬新な組み合わせは、サラダの認識を変えた。

何種類も食材を使って味が完成するサラダは、添えものではなく一品料理として成立する。家庭で、たくさんの食材を少量ずつそろえることは難しいが、RF1のサラダには、足りなくて気にしている栄養分を補うメニューがあった。一九八五（昭和六十）年に旧厚生省が一日三十品目を摂ることでバランスのよい食事をしよう、というキャンペーンを張った後で、三十種類もの食材を毎日摂ることが、献立を考える主婦の強迫観念になっていた。

RF1を運営していたのは、百貨店の食品売り場でローストビーフ、スモークサーモンといったハレの日用や贈り物にするごちそうを売ってきた会社、ロック・フィールドだった。

社長の岩田弘三は、一九四〇（昭和十五）年生まれ。神戸でレストランを経営していたが、一九七〇年、外食産業の視察のため欧米へ行く。その際にオードブルなどの惣菜を売るデリカテッセンに目をつけ、一九七二（昭和四十七）年の大丸神戸店を皮切りに、各地の百貨店で高級惣菜の店を開いた。

日常食にシフトしたきっかけは、バブル期、飛ぶように高額商品が売れたことだった。現状が続くはずがない、と一九八九（平成元）年に立ち上げたのが、産地にこだわり、揚げたてを売りにした神戸コロッケだ。冷凍食品全盛の時代に、ホクホクの温かいコロッケの商売は当たり、デパ地下惣菜が一躍脚光を浴びる。

そして一九九二（平成四）年、洋惣菜のブランドをRF1と統一した。ふえ始めた働く女性が後ろめたさを感じず買える、と選んだのが、家庭では真似できないサラダだった。それを、食欲をそそるように高く盛りつけ、さまざまな食材の色合いや質感を目立たせる。料理が店で雑誌の誌面のようにスタイリングされ、売られるようになったのである。

ロック・フィールドの商品の売りは、素材の確かさと手づくりだ。神戸コロッケのじゃがいもは、北海道の契約農家から直接仕入れる。RF1の野菜の皮むきは社員が手作業で行う。ドレッシングやマヨネーズに保存料を使わない。おいしいから売れ続けるのである。

やがて、RF1の勢いにつられるように、ライバル企業も登場する。一九九八（平成十）年、千葉そごうに初出店し、料理を目立たせるショーアップで勢いをつける柿安ダイニングはその代表格だ。柿安は、牛肉のしぐれ煮で売ってきた三重県の精肉・惣菜メーカーである。

『ハナコ』がつけた、デパ地下という呼び名が広まったきっかけは、二〇〇〇（平成十二）年、渋谷駅に直結する東急東横店が食品売り場を大改装したことだった。ベトナム料理の生春巻きといった流行を取り込んで惣菜売り場を充実させ、東急フードショーとして開店した。

デパ地下ブーム、デパ地下戦争と業界やメディアが呼んだ人気ぶりは、しかし二〇〇〇年代、主戦場を洋菓子などのスイーツ売り場に移していた。そのころには、デパ地下の惣菜はすっかり定着していたのである。

『料理の鉄人』革命

デパ地下のスイーツが人気を呼んだのは、さまざまな街に点在して店を持つ有名パティシエが、バイヤーに請われて次々と出店したからである。パティシエブームの前には、有名レストランのシェフのブームがあった。九〇年代後半、流行発信地となったデパ地下に、有名シェフの名前を冠した店が表れるようになっていた。

つくり手が注目を集めたきっかけは、テレビのバラエティ番組にあった。

フジテレビ系列の『料理の鉄人』である。一九九三（平成五）年に始まり、一九九九（平成十一）年に終了した番組は、日本の食文化に大きな影響を与えた。『料理の鉄人』以前、以後と分けてもいいかもしれない。

八〇年代から連載が続くマンガの『美味しんぼ』（小学館）が、一億総グルメ社会の出発点にあるが、百万単位の人が見るテレビの影響力は圧倒的に大きい。

番組は、一流シェフや食の専門家を有名人にし、食をエンターテインメントとして眺める文化を育てた。食材や料理に関する知識を仕込んで、こだわる人々をふやした。二〇〇〇年代になると、夕方のニュースはグルメレポートだらけになった。ドラマでも料理をしっかり映すようになり、食をきっかけに物語が動くドラマやマンガや小説が一気にふえる。そういうストーリー展開の始まりが、『料理の鉄人』だった。

番組の内容は、鹿賀丈史演じる美食アカデミー主宰が仕切る料理対決、という趣向で、毎回鉄人と呼ばれる和・フレンチ・中華・イタリアンそれぞれの一流料理人に、プロ料理人が挑戦する。経歴が物語のように紹介されて登場する挑戦者が、鉄人を指名する。和食の料理人がフレンチの鉄人を指名するなど、ジャンルは問われなかった。せり上がってきたメイン食材を使った料理を、一時間という制限時間内で数品つくってコース料理に仕立てる腕前を競う。

メイン食材として選ばれたのは、フォアグラ、ふぐ、トリュフ、鯛といった高級なものから、大根、キャベツ、バナナといった庶民的なものまで幅広い。料理研究家の小林カツ代が挑んだ鉄人は、麻婆豆腐を日本に紹介した陳建民の息子、陳建一で、メイン食材はじゃがいもである。

できあがった料理は、料理ジャーナリストやグルメの芸能人、料理評論家などが審査に当たり、勝敗が決定される。鉄人が負ける試合もある。

画期的だったのは、裏方とされてきた料理人の人生にスポットを当てたこと、異種格闘技対決をイメージして料理のプロセスを実況中継したことである。

フジテレビの福井謙二アナウンサーが、手に汗握る展開をレポートし、服部栄養専門学校校長の服部幸應が解説する。「日本一長い包丁を操る料理界の佐々木小次郎」と異名を取る日本料理の米良隆は、近づいてきたカメラの前で、刀のように長い包丁をクルッと回してみせる。

それまで、料理のつくり方を紹介する番組は、視聴者が真似することを前提に手順を追って見せた。そこを省略したこの番組は、鮮やかな包丁さばきや、豪快な火の使い方といったプロの技が見て面白いことを発見させた。

技を発揮する環境は整っていた。ガスも水道も、この番組のためにスタジオに引かれた。包丁も途中から持ち込みできるようになった。食材はコスト度外視で選ぶことができた。六年間にかかった総費用は、八億四三三五万四四〇七円にのぼる。

鉄人たちが戦うキッチンスタジアムも目を引いた。調理器具がピカピカ光り、さまざまな食材が並ぶ円形のキッチンは、ロンドンのハロッズ百貨店の食品売り場をイメージしたという。

番組全体がわざと大仰につくられていた。「私の記憶が確かならば」と解説を始めるなど、鹿賀丈史のセリフは時代がかっている。鉄人は、マンガチックで派手な衣装を身にまとう。イタリアンの鉄人、神戸勝彦は三色旗の色をつけた背の高いコック帽をかぶっていた。

番組に関わったフジテレビの石原隆は、『料理の鉄人大全』（番組スタッフ編・フジテレビ出版）のインタビューに答えて、「あの番組の世界観が、それはつまりミシュランやあらゆる権威、既成の料理に対するパロディー」と説明する。

その言葉を象徴するような企画意図が、同書の巻頭に書いてある。

「この美食アカデミーの志は『料理とは愛情などではあろうはずがない、それは技術であり芸術である』という信念に基づくものである」

昭和の半ば、家庭料理を伝えるメディアは「料理は愛情」という言葉をくり返し使ってきた。腕に自信がない新米主婦に、愛を込めるイコール手をかけること、とメディアは教えてきた。この番組は、膨れ上がった愛情伝説に異議申し立てをした最初のメディアだった。

プロが戦う番組は、家庭料理の愛情神話を壊すことはなかった。しかし、八〇年代から家庭料理の世界で『オレンジページ』が主導してきた意外な食材の組み合わせ、という料理の可能性を、洗練された形でさらに大胆に広げた。番組では、意表をつく食材の組み合わせに成功した料理が評価されたからである。

それは例えば、中トロのチョコレートソースかけ、鮎とスイカのムース、マンゴーで味をつけた鴨のロースト、みそとチーズで味つけしたチーズ豪快鍋といった具合である。

意表をつく料理を数多くつくり成功したのは、初代和の鉄人、「銀座ろくさん亭」のオーナーシェフ、道場六三郎である。道場は当時、ジャンルを超えた料理人同士の交流を持っていて、日本料理界の異端児を自認していた。

テーマ食材のフォアグラを使い、「フォアグラの肝ポン」をつくったのが、二回目の放送の九三年十月十七日。ソテーしたフォアグラと薄造りにしたヒラメ、白菜の芯、あさつきをのせた皿に、ポン酢・みりん・バルサミコ酢・大根おろし・もみじおろし・しょうがのおろし汁でつくった合わせ調味料をかける。

それがうまいと審査員に評価され、鉄人は勝利する。

番組がきっかけになって、ジャンルを超えた組み合わせの料理が巷の飲食店にあふれ、家庭料理としても広まっていった。食材の知識も広まり、「プロの料理人にもあまり知られていなかった」と服部幸應が証言するバルサミコ酢も、スーパーに並ぶようになった。オイスターソースその他の外国料理の調味料が家庭に浸透する後押しもした。

パロディとして始まった番組は、やがて料理界も注目する権威となり、鉄人はもちろん、挑戦者の店も人気を集めるようになる。腕試しや修業の一環として出演する料理人も現れる。放送業界でもっとも権威あるエミー賞に二度もノミネートされ、海外でも同種の番組がつくられるようになった。料理対決、というバラエティ番組のジャンルをつくってしまったのである。

槇村さとるが描く食卓

九〇年代、家庭の台所も変わり始めていた。一番変わったのは、結婚したばかりの新しい世代の女性が、台所を中心に生活しなくなったことである。主婦雑誌が次々と廃刊に追い込まれたのは、主婦が積極的に外に出るようになったからだ。一九九六（平成八）年以降、専業主婦世帯は共働き世帯より少数派になる。

女性の社会進出が目立つようになって二十年、男女雇用機会均等法が施行されて十年。働き続けた女性が、そろそろ管理職につきはじめていた。

八〇年代の共働き主婦が、家事も仕事も子育てもすべて背負うべき、とされたのは、女性の社会的地位が低く、彼女が一人前の職業人と思われていなかったからである。パートも、フルタイムの仕事も、家事に支障をきたさないことが、既婚女性が働く条件だった。

しかし、均等法世代が働き盛りになり、先輩格の女性たちが管理職になったり、女性社長として脚光を浴び始めると、周りの見る目が変わってきた。夫と同じかそれ以上に収入が多い妻は、「家事に支障がなければ働いてもいい」などと言われない。それどころか、家事しないことが許されるようになってきた。そういう現実が、九〇年代になると描かれるようになる。

槇村さとるの『イマジン』は、若い女性向けの少女マンガ誌『コーラス』（集英社）で一九九四（平成六）年〜一九九九（平成十一）年に連載された。七〇年代から第一線で活躍する槇村は、『おいしい関係』、『リアル・クローズ』など働く女性を描き続ける少女マンガ家である。

主人公は、不動産会社でOLとして働く二十代前半の飯島有羽。オフィスで淹れるお茶がおいしいと評判で事務をテキパキこなす。料理も得意。一級建築士で社長、テレビや雑誌に出る美人で有能な四十三歳の母、美津子と二人暮らし。この母が家事能力ゼロなのだ。

外ではバリバリと仕事をこなし、テレビでも「奥様むけには手きびしいご意見」もはっきり言う美津子は、家に帰ると子どもがえりして、有羽に甘える。


「たっだいみゃーん」

「おかえり！　ごはん？　お風呂？　仕事？　お酒？」

「んにゃん！」

「はいはいごはんね　今日はこちの塩焼き」

「うっわあい」と言いながら服を脱ぎ散らかす美津子。湯気が立つ汁ものを手に

「ほんとに有羽ちゃんてお料理が上手ねぇ」とホッとした表情を見せる。そして言うのだ。

「ママさあ　今日ステキな男の人に会っちゃった　その人もお料理上手そうなの　ママも有羽ちゃんに習おうかなァ」

美津子は恋多き女である。四十代の円熟期を迎え、駆け引きもセックスのテクニックもお手のもの。対して有羽は処女。母の世話を焼き職場で営業マンのサポートをすることに喜びを感じる日々で、まだ自分がどんな人間かわかっていない。

恋や仕事に目覚めていく有羽の成長物語は、母と娘が、それぞれ恋に落ちて起こるすったもんだが並行して描かれるので、主役が二人いるようにも読める。

美津子が出会った恋人は、テレビ局のディレクター、本能寺俊彦。一人暮らしで料理が得意。キッチンについてコメントした美津子に、「そのうち我が家のキッチンを見ていただきたいな」と口説き、「TELください。パエリアをごちそうしたいな」とたたみかける。もちろんハンサム。

つれなく応対した美津子は、しかしすぐにそのパエリアをごちそうになって、俊彦と関係を持つ。真似しようと、自宅のオーブンでパエリアを焦がしてボヤを出す。

『イマジン』より。家事は娘任せだった母も、終盤には料理をマスターする

有羽の恋はゆっくりと展開する。仙台支社から転勤してきた職場の営業マン、田中洋平が持つ暖かい雰囲気に惹かれる。食事をして、週末に映画を観に行く。その後どうするかと聞かれ、「別にプランはありません」と答えた有羽は、実はお弁当を用意していた。洋平に自分がどうしたいか言うべきだと指摘され、はっとする有羽。

対照的な母と娘は、夜一緒に酒を飲んでよく話す。有羽は、恋の相談も持ちかける。洋平と距離を縮め、セックスも体験し、美津子がいない間に部屋に呼んで、夕食を出す有羽。しかし、洋平は仙台支社に戻ることになる。遠距離恋愛になって、洋平の幼なじみの影がちらつき始める。

俊彦は浮気者だ。さまざまな女性と関係を

持っていることを美津子が知り、他の女性との関係を断ち切らせて、美津子は俊彦のステディになる。やがて妊娠。

母娘それぞれにドラマが展開する中で、家事をすべて有羽がこなし、美津子は甘えっぱなしの日々が続く。生まれてくる子どもの世話まで、有羽に任せようと目論む。しかし、流産する。紆余曲折の末、美津子は俊彦と結婚を決める。

やがて有羽は、洋平を追って仙台に転職するが、結局失恋。帰ってきた娘を慰めるため、美津子はル・クルーゼ鍋でつくる「ラムのローズマリー煮　ラムとじゃがいもを重ねて火にかけるだけ!」という簡単料理を披露して、娘を驚かす。有羽がいなくなってつくる必要に迫られ、俊彦に料理を教わっていたのだ。家庭人としても自立し始める母。

有羽は、料理上手で男性を立てるのが得意なのに失恋する。料理をろくにつくれない母は恋に勝利する。家庭的な女性ではなく、仕事で輝く女性がモテる時代になった。時代に敏感なマンガ家が描いた物語は、昭和的な女が、過去の存在になったことを示したのである。

篠田節子のキャリアママ

女性向けの雑誌に連載されたマンガは、キャリア女性にも料理を覚えさせていい女イコール料理上手という定型をかろうじて守る。しかし、男性読者を中心に据えた週刊誌で始まった小説は、ラストまで料理を覚えない女性を描いた。

篠田節子の『百年の恋』（朝日新聞社）は、『週刊朝日』で一九九九年から二〇〇〇（平成十二）年にかけて連載された。二〇〇三年にはNHKの深夜枠で連続ドラマ化され、筒井道隆と川原亜矢子が主演を務めている。

物語は、科学記事やSF小説の翻訳を手がけるフリーライター、三十歳の岸田真一が、業界一位を走る信託銀行の国際営業開発部で、MBAを取得した腕を買われて働く、三十三歳の大林梨香子にインタビューするところから始まる。

風采が上がらない小説家志望の真一は収入も低い。しかし、なぜか美人で有能な梨香子に気に入られ、すぐにデートにこぎつける。早くも二回目のデートの場所は、梨香子の希望で真一の部屋になった。

梨香子は、パウンドケーキを焼いたと言ってやってきた。そのケーキを食べて、彼女が料理上手だと思い込む真一。童貞だった彼は、その場でセックスして結婚を申し込む。「愛情があれば心も体も戸籍も結ばれていなければならないと真一は素朴に信じていた」からだ。梨香子はあっさりとOKする。

結婚が決まって梨香子との世界の違いを知る真一。年に十六回も出張があり、残業も多い彼女は、東大理学部出身。友人は有能なエリートビジネスマンばかり。対する自分はライター仲間の間で、オタクと真一の名前を引っかけたタクシンというあだ名がつき、「三低」呼ばわりまでされている。梨香子の年収は真一の四倍もあった。梨香子が仕事で忙しいので、結婚式の準備を一人で進める真一。新婚旅行を済ませ、最初の食事をしようという段になって、梨香子の言葉が引っかかる。

「『どうしたの?』と梨香子が、真一の手元を覗き込んだ。
『まないたがない』
『買ってくればいいじゃない。前のコンビニで』
こともなげに梨香子は言った。
『コンビニで?』と真一は、尋ねた。
『コンビニで、まないたなんか売ってたっけ?』
『売ってるんじゃないの、何でも売ってるから』」

彼女は家事が苦手なのではないか、という真一の不安はまもなく的中する。生活を始めると、梨香子は、炊飯器でごはんを炊くことすらままならないことがわかる。洗いものもしない。真一が出張で家を空けた一週間、ティーポットに残ったお茶の葉を捨てるのが面倒で放置し、カビを生えさせていた。

耐えられない、と思った真一に、梨香子は妊娠を報告する。離婚を言い出せないまま、新婚生活は続く。梨香子はときどき、仕事で溜まったストレスを家でぶつける。呆然と受け止める真一は、怒りをうまく表現できないまま、仕事と家事に追われて日々が過ぎる。

やがて、梨香子は和歌山県に住む母親と仲が悪いことがわかる。妊娠したなら仕事を慎めと母親に諭された、と言って電話機を床に叩きつけて壊していた。

「『母は私と違う世界に生きている人なのよ。私が独立しようとしたときにも、猛反対したわ。女の子の一人住まいなんてとんでもないって。二十歳を過ぎた娘が、親に依存して生活していることの異常さを彼女はわかってないのよ。いつまでも子供をそばに置いておかないと、母としての彼女のアイデンティティーが保てないから。わかる？　それが専業主婦のなれの果ての姿なの』

一人住まいはしていたとしても、君の場合は独立も自立もしていなかった」

この時点で真一は、梨香子の母に共感し、娘を叱ってほしいとさえ考えている。現実問題として自分が家事をしていても、女性が家を整えるべきだという先入観がまだ頭を占めている。しかし、不器用な彼はそれを口にできない。

悩む真一を助けてくれたのは、彼をバカにしてきた仕事仲間だ。カメラマンの男性は、既婚者の先輩として相談にのる。女性ライターや編集者は、出産準備の買いものや掃除を手伝い、真一を家事に協力的な夫と見直したり、女性に対する偏見を正したりする。働く女性は家事をする男性に弱い。一方、女性の参入を歓迎しない企業社会にいる梨香子の周りは敵だらけだ。彼女は唯一気が許せる真一に甘え、ストレスを発散していたのだ。

やがて子どもが生まれ、梨香子の母親が訪ねてくる。仕事ができて顔がきれいでも、家事や子育てができない女はだめだ、とこき下ろす母親に真一は思わず「完璧な人間なんていないですよ」と反論し、「自分の資質と違うものをいちばん身近な人間に要求され続けるのは、きっと辛いことだっただろう」と、はじめて妻の気持ちに寄り添う。

子育てだけの生活に煮詰まった梨香子は、職場からの電話をきっかけに育児休業を切り上げて職場復帰する。確かに必要とされている妻を、改めて尊敬する真一。仕事から帰ってくると、梨香子はひとしきりグチを言う。それをいなしながら、真一は「冷蔵庫の中に煮物が入ってるから。それから味噌汁はレンジの上の鍋だ」と告げる。冷蔵庫を開けた梨香子は具材に不満を言い、真一は力が抜ける。

少しずつ二人の、いや三人の生活のスタイルができ始めたところで物語は終わる。

昭和の時代に男性誌で始まった『クッキングパパ』は、家事も子育ても仕事も完璧にこなす夫を描いて、読者を啓蒙した。平成になって、週刊誌小説として描かれた家事・育児をする男性はリアルだ。女性に対する偏見と夢を抱いて、現実とぶつかり、やがて折り合いをつけて成長していく。男性たちの意識に寄り添いながら、変えていこうと試みている。

昭和後期、小説やマンガは、外へ出て変わり始めた女性たちを古い価値観の中にとどめようと説教した。しかし、世代交代も進む平成になり、メディアも働く女性に寄り添った物語を描き始める。変化が止められないところまで進んで、新世代は味方を得たのである。

『すてきな奥さん』の台所

九〇年代、ごく一部の有能な女性は家事を免除され、出産しても働き続けられるようになったかもしれない。しかし、大半の女性は相変わらず仕事か結婚か、仕事か子どもかの二者択一を迫られ、家庭生活に入る。少なくとも、社会に出るまでは男性と肩を並べて勉強し、男女は平等だと言われて育った世代の女性は、家事や子育て中心の主婦生活では物足りなくなっていた。

一九九二（平成四）年、平松愛理の『部屋とYシャツと私』が大ヒットした。専業主婦の友人たちに取材してつくったという歌詞は、リアルで少し怖い。部屋とワイシャツと自分をあなたのために毎日磨くから、機嫌よく暮らさせて、と歌い、女性版関白宣言と言われた。主婦以外の顔を持ち、自分自身を生きようとする新しい世代の登場を高らかに宣言したのである。

ナルシスティックな香りがするこの歌からは、専業主婦を本職というより役割の一つとして演じる女性の姿が浮かぶ。

昭和の時代、主婦は夫の許可をもらって行動するのがふつうだったし、主婦業は最優先しなければならないことだった。昭和を引きずった時代に主婦となった二十〜三十代は、自分が主役の子ども時代を過ごしている。遊び感覚を持ち込むことで、暗黙の制約が多い主婦業を楽しもうとしたのである。先導役を務めた新しい主婦雑誌が九〇年代、大ヒットした。主婦と生活社が一九九〇年に創刊した『すてきな奥さん』である。

この年、二十五歳の女性は一九六五（昭和四十）年生まれ、三十歳の女性は一九六〇（昭和三十五）年生まれだ。六〇年代生まれの主婦たちは、テレビも冷蔵庫も立ち流し式キッチンもある家で育ち、母親がつくるバラエティ豊かな日替わり献立を食べてきた。母親や周りの女性は皆主婦で、職場に既婚女性がいなかったから、と結婚退職した人が多い。

創刊号で、生産者の顔が見える安心で安全な食品を買おう、と特集し、玄米食や砂糖なし生活の提案、自然食品や共同購入などをすすめていた雑誌は、すぐに不況にぶつかる。安心・安全も継続して特集されていたが、不況時代に注目を集めたのは、日々の生活費を切り詰めることで専業主婦の立場を守ろうとする特集である。

雑誌が提案する節約の知恵は、たとえば牛乳パックの空き箱を冷蔵庫の仕切りに用いる、といったもの。仕切りが必要なほどの大量買いが無駄なのでは、という根本を問う視点はない。実践する主婦は、その貧乏臭さを揶揄され、「すて奥現象」とまで言われた。つまり、それほどこの雑誌は、若い主婦に愛読されたのである。

ここからは、広く関心を集めた一九九三（平成五）年の『すてきな奥さん』の記事から、当時の主婦の迷走ぶりがわかる特集を選んでピックアップする。九〇年代の主婦が、いかに身の置きどころに困っていたかが見えてくる。

三月号は読者の投稿で「買い置き常備品で能率アップ料理術」特集。調理済みの冷凍食品を、わざわざ再加工する提案である。リードでこんなふうに内容が解説される。

「忙しいからと、市販のおかずをそのまま出したくないし、
だからといって、ちゃんと作っている時間もない！
ならば既製品をベースに、ひと工夫してみては？
いちから作るより能率的だし、豪華さもひとしおです」

家族レジャーの時代に育ち、バブル期に青春を過ごした彼女たちは、友達づき合いや趣味に忙しい。仕事だって少しはしているかもしれない。もはや、時間がないのは、フルタイムで働く母親だけではないのだ。

忙しい合い間を縫ってつくる料理は、おなじみの冷凍食品を使ったものだ。ポテトコロッケを揚げてつぶし、粒マスタードやたまねぎを加え、ベーコンを散ら

した「ホットポテコロサラダ」。ハンバーグに火を通してつぶし、大豆の水煮缶、ピーマンみじん切り、ケチャップ、スープ、ウスターソース、チリソース、赤ワインを混ぜた「お手軽チリコンカン」。ギョーザからつくる「揚げギョウザの香味ソースかけ」、肉だんごでつくる「ボリューム洋風茶碗蒸し」もある。

肝心なのは、このレシピが読者からの投稿だということである。実際にこれらの再加工料理をレパートリーにしている主婦がいたのだ。そこまで手をかけるなら、素材を使った調理法と変わらないのではないか。冷凍のハンバーグやギョーザをそのまま焼いて出すわけにはいかないのか、という疑問は、専業主婦の世界を知らない人のものである。

女性も働く時代に専業主婦を選んだからには、料理にも創意工夫があり手間がかかっていることをアピールしなければならない。日々、目先を変えて食卓に驚きを提供しなければ、自分も飽きる。だけど実は面倒、というのが日替わり献立で育った世代の感覚である。

六月号には、冷蔵庫の特集がある。タイトルは「食費がかさむ原因は、冷蔵庫の中にあった！」。原因と対策を解説し、思考を促す構成は、ビジネス書のようだ。論理的に整理された展開は、読者が高学歴で企業でも働いた経験があることを想像させる。

そもそも食品の安全性をチェックして選ぶ、という行為自体が、生産から消費に至るプロセスにまで気を配る知識と想像力を必要とする。情報化という時代の変化はあったにせよ、一九七〇年の『主婦の友』より、明らかに論理的に考える読者が想定されている。『主婦の友』は、素材を加工し、感覚的にアピールするだけでよかった。洋食というだけで新鮮な時代だった。

特集の原因と対策は、それぞれこんな文章だ。

「原因1　入れなくていいものまで入れてしまっている」

「対策1　〝余分な食品〟を追い出して、庫内をスッキリさせる！」

入れないほうがいいものは、スパイスやはちみつ、ラード。入れなくていいものは、タバスコや粉チーズ、ラー油など。湿気を防げば出していいものに、だしの素、乾物、パン粉、しょう油、豆板醤などを挙げ、開封後は入れたほうがいいものとして、めんつゆ、焼き肉のたれなどを紹介する。

このラインナップから、手づくりもするし、加工食品も使う主婦像が浮かび上がる。合わせ調味料はもちろん、豆板醤やスパイスも定番になっている。

「原因2　冷凍・冷蔵・野菜室がどこもゴチャゴチャになっている」
「対策2　入れ方、容器、仕切り方を見直して中の見晴らしをよくする！」

ここではトレイやジッパー式のビニールパックが駆使され、ＯＬを思い起こさせる付箋を密閉容器に貼る、という解決策も示される。

大型冷蔵庫が普及し始めたのは、昭和後期だ。ナショナル冷凍冷蔵庫で三ドアタイプが登場したのが、一九八〇（昭和五十五）年。武田鉄矢がＣＭに出演した、パーシャル解凍を売りにした冷凍冷蔵庫が発売されたのが、一九八四（昭和五十九）年。製造したパナソニックのホームページの解説によれば、パーシャルとは、冷蔵より長持ちするが冷凍のように食品が固くならずに簡単に調理に使える微凍結状態にすること。平成に入るころには、多ドアでメーカー独自の機能性をうたった大型冷蔵庫が一般的になっている。

冷蔵庫は、十年は使える家電製品だ。新婚夫婦は、やがて生まれる子どもの食べ盛りまで想定して、大型冷蔵庫を購入する。大きな空間があると、そういう時期でなくてもつい買い過ぎ詰め込んでしまう。

手づくりするための野菜や肉。手を抜くため、あるいは調味方法がわからないからと買うつゆや料理の素。さまざまな種類のドレッシング。忙しいときに役立つつくりおきの惣菜、冷凍食品、手づくりのフリージング材料。そして本格的な外国料理の味を出すスパイスや調味料。四ドアあろうが五ドアあろうが、冷蔵庫はすぐにいっぱいになる。

手づくりもしたいし、いろいろな味も試したいし、だけど市販品も便利に使いたい。さまざまな情報と食材を前にあれもこれもと悩む主婦の姿が、特集から浮かび上がる。

七月号ではスピード料理の特集がある。不自然なのは、下ごしらえに手間と時間がかかっていることだ。タイトルは「早仕上げ料理術で〝アッ〟というまのごちそうメニュー」。

たとえば、前日か朝に「材料を切っておく」という提案で、つくる料理は、「チンジャオロウスウ」十分、「中華卵とじスープ」八分、「マーボー豆腐」六分、「ミックス即席漬け」十分だ。

確かに調理時間は短い。素材を下ごしらえしておく中華料理店が、あつあつのできたて料理をすぐ出せるのと同じ理屈だ。

しかし、夕方から下ごしらえすれば、家族が帰ってきたときに十分間に合うのでは

やりくりのアイデアを紹介し『すてきな奥さん』は90年代に一世を風靡した

ないか。前の晩から切っておいた食材は、味が落ちたり、栄養価が下がるのではないか。材料を切るのに時間がかかるのは、もしかすると料理に手慣れていないからではないか。前日か朝の下ごしらえは苦にならないのか。むしろ下ごしらえを面倒だ、と思う気持ちをあおっていないか。再び、さまざまな疑問が浮かぶ。

「材料をゆでておく」という項目に出てくる「ゆで豚のソースかけ」の仕上げは六分。しかし、下ごしらえのレシピを読むと、この料理が時間のかかるものであることがわかる。

「鍋に豚かたまり肉約５００gを入れ、長ねぎの青み１〜２本分としょうがの薄切り１かけ分を入れ、熱湯を注ぎ中火で１時間煮る」

これは手抜きではなく、前日から仕込んで手をかけた料理なのである。『すてきな奥さん』が提唱する料理は、手抜きではない。むしろ、手をかけている実感がわく料理だ。一方で、キャッチやリードでは簡単、スピードを謳う。見かけと実態のギャップは、九〇年代の主婦が、偶像化された理想の主婦と、本音の自分に引き裂かれていることを匂わせる。

「材料をゆでておく」は、こんな文章で締められている。

「〝今日は疲れた！〟〝何もしたくない！〟というときこそ、切ってあえるだけ、そのまま焼くだけの手軽さがうれしいもの。すでに火が通っているから、〝今〟というときにすぐ作れるのが魅力です」

本当は料理などしたくない。そんなにまで煩わしく思うのは、奥さんに手早く料理する技がないからだ。習慣になっていないから、体が動かない。彼女の心にあるのは主婦としての義務感だけだ。『料理の鉄人』が否定しなくても、すでに同時代の若い主婦は、料理は愛情などという感覚は持っていなかったのである。

絶望する専業主婦

九〇年代の奥さんたちが料理に身が入らないのは、主婦を取り巻く環境が大きく変わってしまったからでもある。

一九八六年に男女雇用機会均等法が施行され、好景気になり、学校を出たら就職するのが女性でも当たり前になった。その中には、役に立つ実感が得られる仕事に喜びを見つける人がいる。自分で稼いだお金で遊ぶ楽しみを知る人はさらに多い。

子どもをつくらない共働き夫婦がＤＩＮＫＳと呼ばれ、脚光を浴びたのがバブル期。働き続けようとする女性がふえ、保育園の不足問題が浮上してきたのは不況のせいだけでない。

専業主婦は手ごたえが少ない。お金をもらえるわけではないし、家族が毎日感謝してくれるわけでもない。せっかくつくった料理を「今日はいらない」と、あっさり電話で断られる場合もある。掃除しても部屋は汚れる。洗濯ものは毎日出る。冷蔵庫に仕切りをつくっても、すぐに汚れる。仕上げの時間は短い料理も、下ごしらえに手間がかかる。効率というビジネス社会で求められる価値観では測れない、別の世界が家庭の中にはある。

家事は、暮らしを維持する環境を整えるためのものだ。手作業中心の昭和前半までは家族全員が関わっていた。しなければ生活が回らないことを、子どもも大人も理解していた。昭和の後半、機械化が進んで主婦が一人でできる仕事になると、参加しない家族は家事の大変さを意識しなくなる。一方で、お金になるビジネスの世界を知って主婦生活に疑問を抱く女性がふえ、注目を集めるようになった。

九〇年代後半、均等法世代の心理に迫る記事を盛んに出したのは、『アエラ』である。一九九七年三月十日号で、のちに「大反響『専業主婦の絶望』読者の手紙」という特集が組まれるほど注目を集めた記事、「専業主婦の絶望」には、働く同僚や夫を見て焦りを感じる女性の本音が書かれている。

「何かしたい。今すぐにでも。そう思いながら時間だけが過ぎる。何をしたいのかが見つからない。

今さらスーパーのレジ打ちはしたくない。やりがいのある、かっこいい仕事をしたい。高校や大学の時の友人たちには、医者や公認会計士もいる。人に言えない仕事はできない、と思う」

「男女まったく平等で育ってきた圭子さんにとって、仕事で自分の夢を次々に実現させていく夫を見ると、ますます悔しい。ずるい。どうして、私が家のことを全部して、この人だけ好きな時に好きなことができるのか」

精神を病み苦しむ主婦、何も手につかなくなる主婦も登場する。『クロワッサン』（マガジンハウス）でも、「『主婦』って何なのだろう」（一九九八年九月二十五日号）という特集が組まれた。主婦の孤独や不安の原因を探ることがテーマだ。

働く女性がふえて初婚年齢も上がっていく。周りを見渡せば誰もが主婦、という時代ではなくなった。別の可能性を見つけた彼女たちの目に映る、隣の芝生は青々としている。自分の意志で仕事を手放したはずなのに、専業主婦でいることに苦痛を感じる若い世代はふえてきていた。

辞めた理由はさまざまだ。職場は女性差別があって、将来性を感じられなかったという女性がいる。残業が多くて体力的に持たなかった女性もいる。家事との両立に疲れて辞めたという女性もいる。子育ては母の手で行うべきだと考えた女性もいる。子育てと両立できない、という理由はさらに多い。

就職した会社は、フルタイムの男性を中心に回っている。家には、忙しい仕事を終えて疲れて帰ってくる夫がいる。自分の居場所を見つけられなくて退職した彼女たちの脳裏には、職場は男性の戦場で、女性が責任を負う場所は家庭なのではないか、という考えがよぎる。記憶の奥には、家族の世話を焼き続けた昭和前半生まれの母の姿があった。

(2) ハルラー世代……カリスマ主婦の理由

栗原はるみの登場

一九九二(平成四)年に出版され、ミリオンセラーになった料理の本がある。栗原はるみ著『ごちそうさまが、ききたくて。』(文化出版局)だ。二〇〇〇年に『アエラ』の「現代の肖像」に取り上げられた料理研究家は、カリスマ主婦と呼ばれた。彼女は九〇年代、メディアで「私は主婦です」と言い、飾らないライフスタイルを売りにし、ハルラーと呼ばれる熱狂的な主婦層のファンを獲得した。

おしゃれだけど家族に尽くす暮らしも楽しむ主婦、という栗原のイメージを決定づけたのが、このレシピ本である。

紹介される料理は、栗原がふだん家族や客に出しているレパートリー。器やテーブルセットといった小道具は自宅のもの。最初の見開きには、料理ではなく自宅のシステムキッチンが大きく写っている。右ページには、生い立ちを紹介するエッセイがある。この本は、栗原の生活ドキュメントでもあるのだ。自宅でもてなされながら料理を教わる気分で読める。折々に挟まれる栗原のコメントが、間近で話を聞いているようなライブ感を盛り上げる。定番の惣菜、「小松菜と厚揚げの煮物」のレシピには、こんな文章が添えられている。

「先日主人と子供二人が、海外に旅行して、にわか一人暮らしを経験しましたが、台所に立って料理をする気がなかなか起こらず、そのとき、自分一人のために食生活を充実させるのは、至難の業だとわかりました」

栗原はるみさんも、一人のときは食事の支度が面倒なんだ。家族がいない日中、簡単なもので済ませている主婦は、仲間を発見する。もてなし好きの彼女は、「人が来るときも、普段と同じ簡単料理」を出す。もてなし料理は手の込んだものでなければ、と気負っていた主婦たちの目からウロコが落ちる。

栗原はるみのロングセラー料理本『ごちそうさまが、ききたくて。』表紙

「『ここみたいに、いつも野菜をいっぱい食べていれば、体にいいですね』
うちでお昼ご飯をいっしょに食べた人は、必ず、こう言います。
何にでも野菜が入っているから、元気になりそうな気がするそうです。
なかには、このお昼が好きで、十二時目がけてやってくる仕事仲間もいます」

このリードで紹介される料理は、「さやいんげんとつみれの煮物」、「かぼちゃのたたき肉あん」、「豆腐サラダ」、「ラタトゥイユ」、「ゆで野菜のサラダ」、「炒めサラダ」などだ。確かに凝った料理ではない。しかし、栄養バランスがよく目先が変わる。主婦が求めるレシピである。

プロセスを複雑にするのではなく、新しい発想を加えることで、つくる方も食べる方も楽しくなる提案をする。それは例えば、ねぎやセロリなどのサラダに、熱したごま油をジューッとかけて仕上げる「たこの香味サラダ」だったり、土鍋でそばを茹でながら食べる「そばランチ」でもてなすことだったりする。今夜のおかずのヒントを探して本を開いた読者は、気負わず毎日を楽しむ秘訣を読み取る。

ベテラン主婦のファンが多い栗原はるみの本でも、手がかからないことは強調される。料理は面倒である、という暗黙の了解は、九〇年代には主婦全体が共有していたらしい。

プロセス写真つきの「ビーフシチュー」は、時間のかかるドミグラスソースやブラウンソースを使わない。鍋でたまねぎを炒めながら小麦粉を加え、赤ワインで小麦粉を煮溶かす。そこへトマトピューレやとんかつソースなどの調味料を加えて、表面を焼いておいた肉を加え煮込む。隣ページでは、鶏をゆでてから揚げる「ゆで鶏からフライドチキン」が紹介されている。

市販品や加工食品を使う人が多い手間のかかる料理を、プロセスを簡単にして手づくりするようすすめる。プロならではの斬新なアイデア。しかし、十二年前にも、同じようにごちそうメニューを提案した料理研究家がいた。小林カツ代である。しかしスタンスは大きく異なる。

本当はちゃんと手づくりしている、と強調した小林に対して、栗原は、手がかかっているように見えるけれど、実は簡単なんですよ、と面倒がる読者に呼びかける。「私は主婦ではない」と主張した小林と、「私は主婦です」と話す栗原。すべてにおいて、ベクトルが逆なのだ。

その違いは、二人の料理研究家が置かれた環境も関係している。戦中世代の小林は、女性が働き始めたばかりの社会の風を受けて、料理研究家の看板を背負った。主婦が手をかけて食卓を調えるのが当たり前、とされた時代だった。

その後十年あまりの間に、中食が広まって定着し、若い世代は堂々と「めんどくさい」と口にするようになっている。時代は大きく変わったのだ。では、九〇年代にカリスマと祭り上げられた栗原は、どんな人物なのだろうか。

一九四七（昭和二十二）年、静岡県下田市で印刷会社を営む父と、従業員のまかないご飯をつくる母のもとで生まれた。短大を卒業した後は家事手伝い。兄の遊び仲間を通じて夫と知り合う。

料理研究家としてのデビューは一九八三（昭和五十八）年。均等法を控えた時期だ。テレビ番組のキャスターをしていた夫の仕事仲間に腕を見込まれ、テレビ番組の裏方からデビューした。チャンスに乗ったのは、「僕を待つだけの女性でいてほしくない」（『アエラ』「現代の肖像」より）と夫に言われて、できる仕事はないかと探していたからでもある。八〇年代後半は、新たに登場した生活情報誌の依頼を次から次へとこなす。

しかし、求められたテーマに合わせて考えた料理を、用意された器に盛り付ける料理研究家は、必ずしも自分でなくてもいい。

「現代の肖像」の記事には、文化出版局の元編集者で、辰巳芳子を売り出し、この本にも関わった土肥淑江のコメントも載っている。

「主婦から料理研究家になるというのは、背後に非常に豊かな子供時代と結婚生活がある証なんです」

あえて豊かさを裏づける証言を必要としたのは、栗原の育ちにはセレブ感がないからだ。高度成長期、料理研究家の肩書きを背負ったのは、外交官の妻の飯田深雪や旧家の出身、江上トミだった。八〇年代に活躍した入江麻木はロシアセレブの妻である。そして小林カツ代は、船場の商家の出だ。次々と新しいアイデアを提案するプロになるには、人と比べものにならないほど豊かな食体験が必要なのである。

しかし平成の時代に有名になった栗原の場合、庶民的な雰囲気もファンをふやす武器となった。大正生まれの彼女の母が台所を引き受けたのは、九歳で祖父を喪って祖母が働きだしたときからだ。手づくりしなければ食べるものに困る時代から、裏方として家族を支えてきた人なのである。主婦であることに誇りを持てる背景が、栗原にはあった。

「わたしが小さかったころは、母が毎日、従業員の食事や夜食を作っていました。早起きをして、キュッキュッとお米をとぎ、お昼近くになると、そばのめんつゆ、かき揚げ作り。わたしだったら、とてもやっていられないということも、手を抜かず、ていねいに作る母の横をチョロチョロして、わたしも自然に料理を覚えました」（『ごちそうさまが、ききたくて。』冒頭のリード）

結婚すると、自らも腕をふるうグルメで洋食好きな夫のため、そして生まれてきた子どもたちのために工夫して料理する。母を見習い、家族を支える主婦という役割を率先して引き受けてきた前半生が栗原にはあった。

人のために料理することを、当たり前と思っているから気負わない、飾らない。納得できるレシピができるまで、ときには数カ月も試行錯誤を続ける職業人としての厳しさは、ほとんど表面に出さない。その姿勢を支えてきたのは、プロの主婦だった母の後ろ姿だろう。

しかし、主婦を看板とした彼女自身は、女性が働く時代の波に乗って、スポットライトを浴びるプロの料理研究家になっている。九〇年代には、無償奉仕の主婦業が時代遅れになっていたことを、カリスマ主婦と呼ばれた段階で栗原は証明してしまっている。

昭和前半生まれの主婦

栗原はるみを支持したハルラーたちは、中高年主婦が中心だった。栗原はるみと同世代もしくはそれ以上。昭和の前半に生まれ、若い女性がいっせいに専業主婦を目指した時代に結婚した女性たちである。

熱狂的なファン層が生まれたのは、主婦たちが自分の立場に虚しさや肩身の狭さを感じていたからである。彼女たちが結婚した時代は、専業主婦になることが当たり前だった。それなのに、娘に「お母さんは主婦だから」とバカにされる。二〇〇〇年前後、若い世代を中心に「働いていない」という理由で専業主婦バッシングも起こっていた。栗原はるみは、どうやら時代遅れになったらしい自分の人生を肯定してくれる存在だった。

昭和前半世代は、家事、育児を一手に引き受け、報酬をもらわず一年三百六十五日、何十年も主婦を務めてきた。もはや主婦以外の自分など考えられなくなっている。とはいえ、彼女たちは一枚岩ではない。個人差はもちろんあるが、ここで注目したいのは、世代ごとに主婦業への取り組み方が変わっていくことだ。

戦中に十代を過ごした昭和ひとケタ生まれの女性たちは、子どものころに台所で立ち働く母親の手伝いをしながら育った。結婚したのは高度成長期のはじめごろで、テレビもまだ家になく、冷蔵庫は新婚当初なかった。八百屋や魚屋で素材を買い、毎日使い切る生活を二十代の初めは送っただろう。洋食や中華といった新しい料理は入ってきたが、和食もよくつくった。

昭和十年代生まれは、戦中戦後の混乱期に少女時代を過ごしている。都会生まれは疎開を経験し、両親がそろっていない人もいる。料理を教わるどころかお腹をいっぱいにすることすらままならない少女時代。そして戦後。十代の多感な時期に、民主主義教育を受けた。結婚して子育てする間に冷蔵庫やスーパーが整い、洋食・中華の新しい料理を率先して覚えた。新しいことがよりよいこと、という体験を彼女たちはしている。そして、専業主婦になることが、女性としての成功と見なされた時代に結婚した世代である。

団塊世代を含む昭和二十年代生まれは、豊かになっていく時代とともに成長した。民主主義教育を受け、ウーマンリブなど、女性が主張し始めた時代に青春期を過ごす。家族のために働く生き方を、古くさく思った女性もいた。女性の自立、と盛り上がる時代だからこそ主婦業を疎かにすまい、と取り組んだ女性もいる。ドレッシングに麻婆豆腐の素と、加工食品が多様になっていく時代に手づくりにこだわり、システムキッチンを自分の城として腕を磨いた女性もいる。

それぞれの世代が順に子育てに入っていった高度成長期、進学率が上がり、受験競争が激しくなっていく。七〇年代前半は進学塾ブームである。

彼女たちの結婚生活は、家事に手がかからなくなると同時に、子どもが忙しくなっていく時代と重なった。夕方は、子ども向けテレビ番組も充実していた。昭和ひとケタ生まれの主婦の娘たちは台所にいたかもしれないが、昭和十年代生まれの主婦の娘たちは、夕食を準備するころ、テレビや机の前に座っていた。そして、世代が下がるごとに、食の世界はますます便利に豊かになる。社会にも可能性が広がっていき、娘に料理を仕込む必然性が薄れていく。

昭和ひとケタ生まれは、台所に立つのは当たり前、と伝えることができた最後の世代である。流行に敏感な昭和十年代生まれは、これからの女性は自立しなさい、と教えたかもしれない。自立に挫折した昭和二十年代生まれは、さらに強くそう言っただろう。そうして自分は、専業主婦としての生き方を全うするため台所の城に立てこもる。子どもは台所から遠ざけられ、料理のイロハを知らないまま大人になる。

八〇～九〇年代になると、昭和前半生まれの母を持つ世代が次々に結婚していく。その時代に、料理メディアが手抜きと簡単さを売りものにしていくのは、若い世代になればなるほど、料理する習慣がない女性がふえていくからである。

天才柳沢教授の家事

昭和ひとケタ世代の主婦の暮らしぶりがわかるマンガがある。一九八八（昭和六十三）年から現在に至るまで『モーニング』（講談社）で連載が続く『天才柳沢教授の生活』である。著者の山下和美は、大学教授をしていた父親をモデルに、何事にも論理を求め、本を友に生きる柳沢良則というキャラクターを生み出した。マンガは、彼とその家族を中心にしたささやかなエピソードを通して社会を描く。

毎朝五時に起きて九時に眠るという判で押したような生活を続ける柳沢教授は、専業主婦の妻、正子、大学生の末娘、世津子と三人暮らし。近所に住む次女の奈津子がときどき訪れる。奈津子の娘、幼稚園児の華子はおじいちゃんが大好き。途中から、長女のいつ子も近所に住むようになり、いつ子の息子、小学生のまもるも遊びに来る。三女の三津子は影が薄いがマンガ家の妻である。娘たち三人は専業主婦で、大学生の世津子はまだ先が見えない。パンクロッカーの恋人、ヒロミツをときどき家へ連れてくる。

マンガにはよくあることだが、登場人物は誰も年を取らない。平成を三十年近く過ぎても、世津子は大学生のままで、柳沢教授は現役で働き続ける。同じ年齢設定のまま、社会が時代を反映して変わっていく。バブル期に教授は、ディスコに連れていかれ途中で眠ってしまう。コギャルの時代には、援助交際をする女子高生と出会う。ときどき、教授の少年時代や青年時代も出てくる。孫の視点で物語が動いたり、飼い猫が主人公になる回もある。

四人も娘がいるうえ、教授が研究書を買い漁るので、正子はやりくりがすっかりうまくなった。ヒビが入ったジャーポットも、ガムテープを貼って寿命を延ばす。新居に持ち込んだピアノは、調律できないまま三十年以上の歳月を重ねた。毎日家事に勤しんでいるが、その働きが目立つことはほとんどない。正子の役割の大きさがクローズアップされるのは、ほかの家族が家事をしたときである。

正子は料理上手である。柳沢教授が魚好きなので、定番メニューは魚とみそ汁、煮もの。大金持ちと結婚した姉が遊びに来れば、ごちそうをつくる。めったにしない旅行では、お重に料理を詰めて出かける。華子が泊まりに来ればクリームコロッケもつくる。ハレの料理、日常食、洋食、と変化が激しかった昭和のレパートリーをひと通り身につけている。近所の料理教室でアシスタントを務める腕前もある。

ときどき、教授は頼まれて買いものに行く。スーパーをはしごし、一番安いアジの開きを買い求める。その際、傍若無人なオバタリアンと戦いになったり（一九九一年）、気づかないうちに新米主婦が弟子入りしていたりする（一九八八年）。どんどん値段が下がる夕方の買いものの興奮を、正子の姉と分かち合う（一九九八年）。時間の経過に頓着せず、安さを追求する教授の獲物は、夕食の支度に間に合わない場合もある。

教授の買いものがしばしば題材になったのは、九〇年代まで、中高年男性がスーパーへ行くことは珍しかったからである。高度成長期を支えた大正末〜昭和初期に生まれた男性は、「男子厨房に入らず」と考えた世代である。家事をしない世代だからこそ、買いものする姿がどこかユーモラスなのである。

しかし、この世代は定年後に男の料理教室に通った最初の世代でもある。教授も料理に挑戦する（一九九四年）。母の日に、一念発起して料理をしようと初心者向けの分厚いレシピ本を購入し、献立を研究する。決めたメニューは、「たけのこ御飯」、「ホウレン草の胡麻あえ」、「茶碗蒸し」、「あじの開き」、「豆腐とワカメの味噌汁」。四人前に設定してある分量をきっちり四分の三に計算しなおして、いつものように、もっとも安い店を求めて商店街をウロウロする。帰宅すると六時半を過ぎている。ダイニングテーブルいっぱいに計量した材料を並べる教授を見て正子は、「これからお米研ぐの⁉」と仰天する。

ソファでゴロゴロしながら、できあがるのを辛抱強く待つ正子。茶碗蒸しをつくる途中で「卵がどんどん固まっていくのですが」と質問され、「だし汁冷まさなきゃダメよっ‼」と叫ぶ。レシピ本に、当たり前だからと書いていない基礎的な手順が、教授にはわからないのだ。だし汁が冷めるのを待つ間、正子はまた教授の抜けたところを発見する。

「お父さん」

「何ですか？」

『天才柳沢教授の生活』より。ふだん料理しない教授は応用が苦手だ

「そこの生ゴミコーナーの一番上に捨ててある物は何?」

「たけのこの皮ですが」

「そこはひめ皮よ　梅肉あえにすると美味しいのよ」と叫ぶ正子。

「戻して洗いましょうか?」と、妙に割烹着が似合う教授が三角コーナーのゴミ箱を持ち上げて尋ねる。

「好物なのにい…　いいわよ　もう」と半泣きの正子。


ようやくできあがった盛りつけも美しい料理を、正子は大喜びで食べる。レシピ通りにきっちりつくった料理がおいしくて感動する。しかし、教授は箸をつけようとして時計が八時半をさしていることに気づく。「寝る直前の食事は「胃によくありません」と寝室へ向かう。後にはシンクに山積みになった鍋や食器類が残った。

別の回。正子は友人の葬式で広島へ出かけ、家を任された教授と世津子が、張り切って家事に取り組む。機会があれば妻を助けたいと考えている教授はともかく、世津子には雪辱を果たしたいという別の思いがあった。

数日前、ヒロミツの部屋へ遊びに行き、やりくり上手で料理もつくれる彼の側面を知って見直す。その直後、手伝おうとして、スパゲティも茹でたことがないことがばれ、「女のくせに浮世離れしすぎてんだよ！」と驚愕されたのだ。

先に起きていた教授は、台所で「あじ干物」、「オクラ納豆」、「若布と玉ねぎのみそ汁」、「いり豆腐」の手書きのレシピを前に悩んでいた。「生姜が無いのです　生姜が無ければ私が一時間前から練りに練り上げた朝食作製計画が実践に移せません」と言うのだ。

あきれ顔の世津子は、「私のは完璧よ」と、「オレンジジュース」、「クラブハウスサンドイッチ」の手書きレシピを見せびらかす。しかし、父に「パンもありませんよ」と指摘され、二人は悩み抜く。その結果、フルーツサラダ、アジの開き、スープ、みそ汁、ごはん、いり豆腐、という奇妙な献立が食卓いっぱいに並ぶ。

娘が自分と同様、一日の家事計画書を用意していたことを知った教授は、娘に後を任せる。しかし、献立を立てる前に台所で食材もチェックしない世津子は案の定、その後も段取りが悪く、ポイントを外している。夕方には疲れ切っている。

「ちゃんとやったら家事ほど大変な労働はないわ　さすがお母さん　勤続ウン十年手の抜きかげんも知ってるわけね」

と母を見直す。ふだんの世津子は、正子が食事の支度をする間、ヒロミツや父とソファでくつろいでいる。夜遅くまで遊んで帰らない日もある。四人目の娘に、母が家事を教え込もうとする場面は出てこない。

ダイニングテーブルを囲む柳沢家は、昭和の終わりで時を止めたままである。主婦が半ば楽しそうに調えた、魚を中心にした和食が並ぶ食卓は、昭和の風景なのである。

昭和は遠くなった。物語を現実の時間に合わせて進めれば、教授と正子は八十代を過ぎている。世津子は四十代になり、もしかするとヒロミツとの間に生まれた子どもが大学に通う年齢になっているかもしれない。それとも、一人暮らしをしているだろうか。おじいちゃんを大好きだった幼稚園児の華子は、二十代だ。彼女はどんな大人に成長しただろうか。

世津子は、料理を覚えただろうか。若い時代のように洋食が好きなのか。それとも母親がつくった和食に回帰しているのか。おじいちゃんに憧れた幼稚園児の華子は、願ったとおり知的な大人になっただろうか。献身的な主婦を務めた母親は、後ろ姿で娘に何を伝えたのだろう。いよいよ時代は、娘や孫たちの世代の食卓が描かれるようになった二十一世紀を迎える。

《コラム》平成デパ地下革命

大衆文化が花開いた昭和の時代、百貨店は家族で着飾って訪れる場所だった。百貨店には、子ども連れで気軽に入れるレストランや、お母さんの洋服を買える店があった。手土産、中元歳暮も別のフロアで選べる。そして、高級贈答品の店が並んでいたのが地下の食品売り場だった。

地下で日常食の提案を最初に行ったのは、堤清二率いる池袋の西武百貨店である。糸井重里の「不思議、大好き。」、「おいしい生活。」といったキャッチコピーで注目を集めた同店が、地下をリニューアルして西武食品館と命名したのは一九八二年だった。

素材とソース（だし）を二人前ずつパックにした和・洋・中の「グルメキット」、魚・肉・コロッケなどを少量詰めた「おいしさ一人前」といった、少人数家族を想定した食材パック・惣菜を売り出したが、時代の先を行き過ぎて売れ行きは芳しくなかったようである。

フランスの大手デリカテッセン、ルノートルの洋菓子店は注目を集め成功した。前後して、他の百貨店も、欧米のブランド企業と提携して紅茶やお菓子、パンなどを販売するようになった。髙島屋とフォション、三越とハロッズ、伊勢丹とエディアール、大丸とポール・ボキューズといった具合である。一九八四年、小田急百貨店に出店していたトロワグロが、パンや惣菜を扱うようになったのは、一九九〇年だ。

そのころから地下で日々の食材を買うようになったのが、共働きの女性たちだった。売り場の充実で先行したのは関西の百貨店。「梅田の阪急百貨店の生鮮食品売り場に、魚、肉、野菜それぞれの担当者を連れて行ったんです。朝は什器の色も見えないぐらい食品で溢れ、夕方も品物を切らさないことに皆が衝撃を受けました。そして九六年ごろ、まず生鮮食料品売り場を強化しました」と話すのは、東急百貨店食品統括部部長の村松弘章さんである。そのころＲＦ１が入り、惣菜売り場が充実し始めた。

東急が、日常に使うデパ地下という新常識を定着させる東横店のリニューアルを行ったのが、二〇〇〇年四月。東急フードショーと名づけて、デパ地下ブームの火つけ役となった。初日は終日身動きもできない大混雑。初年度から対前年比約一・五倍の一八〇億円を売り上げた。

社内の反対を押し切って地下を食品専門フロアにし、新たにおいしい店をいくつも発掘して出店させた。丸の内に本店があった人気ベトナム料理店サイゴンの生春巻きは、ベトナム料理ブームを広げることに一役買った。二〇一二年現在も人気が衰えないのは青山の、惣菜と弁当の店パリヤである。デパ地下は、食卓を豊かにする新しい料理、珍しい味を見つける情報発信基地になったのである。

二〇〇七年、新宿伊勢丹がリニューアルで目指したのは食のファッション化だった。和・洋に分けて什器を統一させるなどして空間を整理し、間接照明などで食品をよりおいしそうに見せる。ガラスのショーケースに並べて特別感を演出する。三越伊勢丹の新宿食品営業部商品担当部長の中野健一さんは、「食べるものがおいしかったら、デイリーにも使い、人にも贈る」と話す。ハレかケかは個人が決める時代になったのである。

これからのデパ地下に必要なものを聞くと、「五感に訴える本物のおいしさを最高のタイミングで提供し続けること」と中野さんは言う。世界ナンバー1の百貨店を自負する伊勢丹新宿店で食品売り場を担う人ならではの発言である。百貨店のハレの文化は今も息づいている。

日々の惣菜提供者としての役割を強調するのは、東急の村松さんである。「定番を磨くことが大事。原料の質を落とさず安全性を考えて安定供給できるもの。そして季節のものを出すこと」。常に間違いのない商品を提供する。こちらも百貨店ならではの考え方である。

時代が変わりトレンドが移っても、驚きと高品質さを求められる百貨店の役割は変わらない。中食文化のリーダーとして、これからも信頼できる惣菜を提供し続けて欲しいものである。

第四章　食卓の崩壊と再生――二〇〇〇年以降

（1）　昭和後半生まれの食卓

映画『歩いても　歩いても』の親子

阿部寛主演の映画『歩いても　歩いても』は、二〇〇八（平成二十）年に公開され話題を呼んだ作品である。監督は、一九六二（昭和三十七）年生まれの是枝裕和。二〇一三（平成二十五）年にカンヌ国際映画祭コンペティション部門審査員賞を受賞した『そして父になる』を撮るなど、国内外で注目を集める映画監督だ。

『歩いても　歩いても』は、是枝が亡くなった母親からインスピレーションを得て製作した作品で、老年期を迎えた夫婦の家に、息子と娘が家族を連れて集まる夏の一日を描く。

映画は、台所で昼食の支度をする手元を写す場面から始まる。にんじんを削る娘のちなみ（YOU）、大根の皮をむく母のとし子（樹木希林）が、料理談義に話を咲かせる。


「大根は天才よ」

「じゃがいもは？」

「じゃがいもは腕次第でしょ」

「大根は煮たって焼いたってナマだっておいしい」

「大根、焼かないでしょ」

「大根は焼いて煮ると渋みが取れるんだって。焼いた後、ごま油でさっと炒めるの」

「いいわ。どうせつくんないし」


母がつくり方を話すのは、娘に技術を伝えるためだ。しかし、母ほど研究熱心ではない専業主婦の娘が話を聞く理由は、母の相手をしてやるためだ。すれ違った二人の間で料理が進められていく。脂たっぷりの豚肉をひっくり返し、蒸したじゃがいもをつぶし、みょうがを刻む。ゆでたえんどう豆をザルにとって水で冷やす。長年専業主婦をしてきたとし子は手際がよい。

そこへ、道中「行きたくない」と不満をもらしていた次男、良多（阿部寛）が到着する。妻のゆかり（夏川結衣）は再婚で、前夫との間に生まれた小学生の息子を連れている。台所では、とうもろこしの身を芯から外すところで、良多は「昔からおれの仕事だから」と言ってとうもろこしを手に取り、見事な手さばきで身をこそげとっていく。これから、とし子の得意料理、とうもろこしのかき揚げに取りかかるのである。「懐かしい！」と喜ぶちなみは、その一言で、自分が受け継いでいないことを明らかにする。そして、「珍しいでしょ」とゆかりに話しかける。「誰でもやるわよね」と、とし子は言うが「とうもろこしは、煮るか焼くかしか……」とゆかりも驚く。

とし子は自分の料理を特別なものだと思っていないが、外で働いたのち結婚したちなみは、母の料理が、長年の研究の成果であることを知っている。しかし、視野を広げた娘は、家の中にしか興味を持たない母親にいらだちを覚えている。

やがて、この日一家が集まったのは、長男の純平の命日だからとわかる。海で溺れた少年を助けようとして十五年前に死んだ純平の記憶を、とし子は美化し執着している。墓参りの後、助けられた少年が一家を訪ねて来るのも恒例行事だ。彼が帰ると、とし子は有能でもハンサムでもない元少年のために、できのよい息子が犠牲になった不満を露わにする。

ちなみ一家は、夕方帰っていく。車の中で、「死んだ兄さんが老後の面倒をみるわけじゃないんだから」と、自分をちゃんと見てくれない母への恨み言を言う。おにぎりや煮ものを、ちゃっかりタッパーに詰めた娘を見送った後で、「あんな大勢（四人）で、夜（夕食代）まで浮かされちゃたまったもんじゃないわよ」と不満を言うとし子は、四十年近く前の夫の浮気を根に持っている。残った息子が子連れの女性と結婚したことも不満だ。

開業医だった恭平（原田芳雄）も、子どもたちに不満がある。良多は跡を継がず、絵画修復士の道を選んでいる。互いを警戒し、会話が途切れがちな父と息子。互いへの不満を溜め込んだ家族は、めったに開かれない会合が終わると、全員が疲れきっている。それでも、恭平は孫が来ると喜び、ゆかりの息子にも祖父として話しかける。とし子は、思い通りに育たなかった息子と娘のために、腕によりをかけて料理をつくる。ちなみは生意気な娘の顔をして、良多は甘ったれた息子の顔をして、両親へのグチを夫や妻に言う。

実体験を元に、長年のしこりを抱える家族をリアルに描いた是枝監督。母が手料理の数々を披露する食卓は、だんらんと言うより一触即発の地雷だらけの戦いの場である。そして、母が築き上げた味を娘が受け継ごうとしないところに、時代の変化と確執が読み取れる。

『八日目の蟬』の母と娘

息子だった是枝は、父と息子の間にある確執ははっきり描いたが、母と娘の間にあるそれは、あいまいにしている。父と息子の確執は描かれてきた長い歴史があり、社会にも公認されているが、母娘の確執を描くには機が熟していないと判断したのかもしれない。

何しろ、母と娘の確執問題はつい最近まで日本ではタブーだった。家事・育児・介護のすべてを引き受けてきた母親の負担は、無償の愛で解消されることになっていた。家庭内の労働を母親任せにしてきた人々は、母と娘の間にもわだかまりや憎しみが存在する現実を、認めるわけにはいかなかったのだ。

そこへ異議申し立てをするように、さまざまな問題をはらむ平成の家族、とくに母と娘を生々しく描いてきた小説家に、一九六七（昭和四十二）年生まれの直木賞作家、角田光代がいる。

二〇一一（平成二十三）年に井上真央主演で映画化されたロングセラー作品、『八日目の蟬』（中央公論新社）は、二〇〇五（平成十七）年〜二〇〇六（平成十八）年に読売新聞で連載された。

零歳児のときに父の不倫相手に誘拐された恵理菜を主人公に、三年余りの逃亡生活を続けた犯人、希和子の視点と、大学二年生の恵理菜自身の視点から描く。

不倫相手の秋山丈博の子を中絶させられた希和子は、産めなかった子どもの替わりにさらってきた恵理菜を大切にする。

逃亡生活の最初に世話になった家は散らかし放題だったので、赤ん坊を守るために部屋を掃除し風呂場を磨き、ていねいに食器を洗ってベビーフードを与える。希和子は、子どもが暮らしやすい環境を求めて小豆島まで逃げ延びる。風邪を引いた恵理菜におじやをつくって食べさせ、元気になればカレーをつくる。

お祭りの際、アマチュア写真家に撮られて新聞に載ったことがきっかけで、希和子はついに逮捕される。島の人々は、マスコミの取材に「本当の親子に見えた」と述懐することになる。

慈しんだにせの母親と違い、娘を取り返した実の母親は、恵理菜が行方不明だった間に苦しんだせいか精神のバランスを崩している。娘にやさしく接したかと思えばヒステリックに怒鳴る。やがて夜遊びを始め、家事を放棄する。恵理菜は、子どものころのこんな食卓を記憶している。

「朝起きても食べるものがない。炊飯器は空っぽだし、冷蔵庫には生卵や生野菜ぐらいしかない（中略）夕食にはスーパーの出来合の総菜がパックごとテーブルに出される。それも、コロッケだけとか、煮物だけとか、おかずが一品とごはん」

子どもが育つ環境を整えることに腐心した誘拐犯と、育児放棄した実の母親を対比させることで、母親とは誰か、家族とは何かと読者に問いかける。この小説が多くの共感を集めたのは、双方の家族に、自分たちと似ている部分を読者が発見するからである。

昭和の時代、家族は幸せの象徴だった。ホームドラマで描かれた家族のだんらん。食卓にはみそ汁とご飯、おかずが並び、お母さんがかいがいしく皆の世話を焼く。朝はみそ汁の匂いで始まり、台所からは母親が包丁で野菜を切る音が響く。

戦後、憧れだったそういう家族のだんらんが、ダイニングキッチンが普及するころには当たり前のものとなり、お父さんが外で働いて家族を養い、お母さんが家事と育児を引き受ける家族がふつうとされるようになった。そうでない形の暮らし方は不幸とされた。

母親が働く鍵っ子はかわいそうだし、お父さんがスーツ姿で出かけないのも問題がある。両親のどちらかが欠けていても、血のつながっていない人と暮らすのもおかしなことになった。幸せな家族の形は決まっていて、例外はみな不幸と見なされるようになった。

形が整った家族は、幸せでなければならなかった。子どもは必ず実の母親に愛されなければならない。成長すれば自分らしく生きるより、世間が安心する場所に納まることを期待される。ときに強制される。『八日目の蟬』に描かれたのは、同質性を求める世間が人を不幸にする社会である。

長い間、顧みられることがなかった実の母娘の壮絶な確執は、平成になってから、小説のほか、『アエラ』、『婦人公論』などのルポや心理学の本を通して次々と明らかにされ、二十一世紀初頭になって注目を集めるようになっている。角田光代が人気作家になったのは、確執の存在が認められ始めた時代なのである。

角田光代は、あるべき家族像に振り回され、自分を見失う人々の姿をひんぱんに描く。その一つが二〇〇四年に発売された『庭の桜、隣の犬』（講談社）である。

三十代、専業主婦の田所（旧姓春田）房子は、両親が頭金を出して買った東急田園都市線たまプラーザのマンションに、夫の宗二と二人で暮らす。しかし、イベント企画会社で働く宗二は、自由欲しさで高円寺の安アパートに部屋を借り、房子は料理をつくらない。家庭の責任をあらかじめ放棄した夫婦の危なっかしい足取りを、物語は描く。

宗二の父は、朝から酒を飲みケンカに明け暮れ、宗二が十六歳のときに死んだ。母は、ほぼ女手ひとつで息子二人を育て上げ、大学まで入れた。典型的な不幸を背負う青年である。父親になかったのはビジョンだ、と反面教師にしようとするが、自身もビジョンが見つからずにいる。

房子の父は定年まで勤め上げ、現在はアルバイトをしている。母はカルチャーセンター通いに忙しい。典型的な昭和の家族である。房子が高校生になる年に、春田一家は東急田園都市線つきみ野駅近くに一戸建てを買った。弟、薫の妻のモモエは年上で、中央林間で雑貨店を営んでいるが、房子夫婦と同様、子どもはいない。

子どもが大きくなって引っ越したからか、あちこちから流入した人が暮らす郊外だったからなのか、春田一家はつきみ野で友人ができなかった。一家は週末になると、暮らすうえで必要な場所を自分たちで見つけに行った。図書館や安心できる病院の場所を探し、おいしいパン屋、レストランなどを発見する。家族で孤立した日々を、まるで遭難したようだと、十代の房子は感じていた。

そういう経験をともにしたからか、春田一家は一見仲がよい。父親の誕生日には四人そろって食事をするし、房子はひんぱんに実家に通う。母がつくった昼食を一緒に食べ、用意してくれた料理をタッパーに詰めて持ち帰る。

春田一家の仲のよさは、お互いに深く関心を持たないことで成り立っている。立ち入らないから衝突が起こらず、平和なのだ。実家でくり広げられる母娘の会話は、ご近所づき合いのような当たり障りのない内容である。

「『あ、タッパー、流しに置いておいたよ、ちゃんと洗ってあるからね。かに玉と肉団子、まじおいしかったー』」

「『ああそうー？　でしょうー？　あのかに玉はさあ、フライパンでこれでもかっていうほどあつーく熱するのがコツなのよう。そうそうお昼、あんた何食べる？』」

ここでも母は娘に料理を伝えようとするが、娘はそれを受け流す。母は娘が料理できるものと思い込んでいるが、母の手料理を持ち帰った房子の行動から、彼女にはおよそ料理する習慣がないことが伝わる。

「今日母親が持たせてくれたのは焼き豚と野菜の煮物だった。房子は台所で背をまるめ、焼き豚を切りタッパーの煮物を皿に移す。焼き豚には白髪葱を添えるように、と母は言っていたが房子はそんなことはしない。冷凍してあった白飯をレンジであたため、ごはん茶碗に移し、焼き豚の皿と煮物の皿をソファテーブルに運んで、テレビと向きあって食事にする」

独立して家庭を持ったはずなのに、母の手料理で食卓をまかなう。実家に依存する生活を続ける房子の身の置きどころのなさは、物語の中盤、宗二の母親がお見合いパーティに参加するため上京してきたあたりから、浮き彫りになる。

笑顔で姑を迎えて泊まらせ、楽しそうに相手をする房子。姑が「かんたんだ」というので梅干しを漬けることになる。「嫁の鑑みたいだ」と客観的に自分を眺めながらも、「房子に嫁という認識も、目の前にいるのが義母だという理解も、不思議なくらい欠落しており、なんだか見ず知らずの老女と梅干しを漬けているようにしか思えないのだった」。

その梅干しを、房子は姑が帰った後に捨ててしまう。いらないのなら、梅干しをつくろうなどと言わなければよいのに、場の雰囲気を壊さないため無意識にいい嫁を演じてしまう。気持ちと行動が嚙み合わない不自然さを、房子はうすうす気づいている。ときどき、人と会話する自分を、ドラマで見てきた役割を演じているような錯覚に陥る。自分の気持ちを考えないまま、反射的にその場にふさわしいセリフを口にし、人間関係をやり過ごしているからだ。本音を出せないから、誰とも心を通わせられない。しかし、その孤独に房子自身は無自覚である。

ある日、ふと聞いた「おねえさん、離婚とか考えてます?」というモモエの言葉を救命ボートのように受け取って、離婚したいと言い出す。この離婚騒動に当事者であるはずの宗二の存在は薄い。

決然と反対したのは房子の母で、その言動から、母親は人並みという立ち位置を維持したいだけだという本音が明らかになる。母が娘に優しいのは房子がいい子を演じてきたからで、結婚を認めたのも結婚してマンションを持たせたのも、世間から幸せな母親と思われたいという自己満足だったのである。

世間体を気にする母親は、初めて反抗する娘を頭ごなしに非難するばかりで、娘自身の気持ちを聞こうともしない。おそらくこの母親が、娘ときちんと向き合ったことはない。娘は母の顔色を読んで母が望む言葉を口にし、いい子と思われて育ったのだろう。

角田は、根なし草のような夫婦と周囲の関係を通して、結婚とは何かを問う。どこにでもいる中流家庭に育った房子と、よくある不幸な生い立ちを持つ宗二は、自らの人生を築く意志が欠落している点で共通している。二人の部屋から逃げ出す宗二も、食卓を調える役割を放棄する房子も、結婚生活から逃げているという点では同じ穴のムジナだ。

田所夫妻の空っぽな結婚生活とその破綻は、焼け野原から物質的な豊かさを目標にして突っ走った後の、次なる目標を見失った平成日本の自画像でもある。

平成に家庭を持った人々の苦しさは、周りがレールを敷いてくれた終着点の結婚の後も生きなければならないところにある。どう生きればいいのか途方に暮れる田所夫妻は、常に目標を与えられて走ってきた昭和の子どもたちの等身大のその後である。ハッピーエンドのその先は、誰も教えてくれない。苦しいのは、もしかすると人生が終わらないことかもしれない。

私たちが見失ってしまったのは、日常という暮らしの実質そのものと関わる。この小説で、そのことを象徴的に表しているのが、食卓に関わる場面である。

田所夫妻を隔てる理由の一つが、房子の母親である。娘が実家に入り浸ることを歓迎し、その都度タッパーに入れて料理を持ち帰らせるのは、娘の家庭に、食事を通じて侵入していることである。

結婚とは、夫婦が新しい生活を築いていくことだ。違う環境で育った夫婦が、好みをすり合わせながら新しい味をつくっていく。それは、夫婦が夫婦になっていくプロセスでもある。その機会を奪っていることに母親は無自覚である。

それどころか、娘の依存を歓迎しているフシすらある。実はいつまでも世話を焼き続けて、母親の役割を手放したくないのである。

日々、母がつくったものを食べて持ち帰り料理しない房子も、子ども時代と変わらない依存生活を歓迎している。料理するということは、何を食べたいのか自分の欲求を知ることであり、家族が欲しいものは何かと考えることである。与えられたものを受け取るだけの房子は、子どものままだ。夫のことはもちろん、自分のことすら他人ごとなのだ。自分の意志で生きていない房子が、母親の保護という透明な檻の中から発した違和感という小さなＳＯＳは、誰にも届かない。

料理できない妻たち

映画や小説に出てくる料理しない、あるいは苦手だという妻は、あくまでフィクションである。しかし、そういう妻たちは現実にもたくさんいる。その実態を浮かび上がらせた調査が二〇〇〇年代半ば、メディアをにぎわせ人々に衝撃を与えた。

一九九八（平成十）年から毎年実施されたアサツーディ・ケイの食卓調査〈食ＤＲＩＶＥ〉がそれだ。一九六〇（昭和三十五）年以降に生まれた首都圏在住の子どもを持つ主婦百十一人に、一週間分の献立を写真に写してもらい、アンケートとインタビューを通して食生活を浮かび上がらせるものである。調査対象者が住む地域や階層は不明である。

調査の結果は、二〇〇三（平成十五）年に発売された『変わる家族　変わる食卓』（岩村暢子・勁草書房）から始まって、親世代にも取材した二〇〇五（平成十七）年発売の『〈現代家族〉の誕生　幻想系家族論の死』（岩村暢子・勁草書房）など合わせて五冊の本で発表されている。

『歩いても　歩いても』のちなみや、『庭の桜、隣の犬』の房子が調査対象の世代に当たる。

ことをめんどうだと思う気持ちが強く、さぼることも多い。遊んで疲れた日や起きられない朝は、スーパーやコンビニなどの惣菜や弁当、インスタント食品、レトルト食品などで食卓をまかなう。実家に遊びに行けば、母親に食卓をすべて調えてもらうことも、彼女たちにとっては当たり前だ。

材料の皮をむいたり刻むことが大変だと思い、残り野菜の使い回し方がわからないと言う。必然的にカット野菜、冷凍野菜、トマトやマッシュルームの缶詰や、皮をむかなくても料理できるブロッコリーやプチトマトの出番が多くなる。彼女たちには料理する習慣が身についていない。

基礎も知らない。ほうれん草をアク抜きすることを知らず、昆布とわかめの違いがわからず、魚をおろすとは、頭と尾を切り落とすだけだと思っている。

オリジナルのアレンジ料理は得意だ。「キムチで調味するキムチ餃子」、「マヨネーズ入りたらこスパゲティー」、「焼き肉のたれで作る肉じゃが」、「粉末だしとコーヒーフレッシュを入れる卵焼き」。「鶏手羽先に梅ジャムをつけて焼く」、「素で作ったチンジャオロースーを春巻きの皮で包んで揚げる」。新しい料理に挑戦しないと食べ飽きると、彼女たちは言う。

このラインナップは、八〇年代の『オレンジページ』、九〇年代の『すてきな奥さん』を連想させる。彼女たちが、結婚する年齢となった時代に生まれ、人気となった雑誌である。これらの雑誌は、梅やはちみつなどを加える、といった新しい味つけをレパートリーに加えたり、冷凍ハンバーグを使って煮込み料理をつくるといった、加工食品のアレンジ料理を次々と紹介してきた。

応用編中心の雑誌を教科書に料理を覚えた彼女たちは、常に新しい料理が必要だという強迫観念に囚われている。母から料理を習わなかった、手伝わなかったという人が多い。彼女たちが育った昭和の食卓を思い浮かべてみよう。

家事がらくになり、主婦が一人でこなせるようになった。食事は子どもたちが遊んでいる間、テレビを見ている間、あるいは勉強している間にいつのまにか調えられ、食卓に並んでいたのだろう。彼女たちが育った昭和後半は、子ども向け番組の全盛期である。受験競争が激しくなった時代でもあった。子どもたちには思い切り遊び、よい将来に結びつく勉強をして欲しい、と母親たちは願ったかもしれない。

その結果、子どもたちは料理する現場を手伝うことも見ることもなく成長した。

食卓を調え、片づけることは、生活そのものである。何が建設されるわけでも、形になって残るわけでもないが、毎日食べることで体がつくられ心が育っていく。明日への活力を産む。生活とは果てしないくり返しであることを、食卓は教えてくれる。台所に漂う食べもののニオイ、野菜などを刻む音、煮る音、揚げる音、次々とできあがっていく料理。そういうものを眺めたり、そばで手伝いながら手順やコツを覚えていく。好奇心旺盛で柔軟な子ども時代に覚えた技術は、知らぬ間に身につき、台所に立ったときに発揮されるだろう。

ところが、生活環境が激変した時代に育った娘たちには、そういう機会を持てなかった人が大勢いたのである。知らない間に調えられた料理を食べ、片づけも親まかせだった女性にとっては、外食や中食と手づくりの違いはないのかもしれない。

調査対象となった主婦たちに料理への意欲がないのは、外の味に親しんできたことも影響しているだろう。青春期がバブル期、グルメブームと重なり、外食体験が日常のものとなっている世代でもある。そして、主婦になった平成の世の中には、グルメな加工食品や惣菜があふれている。自分の味の基礎をつくれないまま消費経済のまっただ中にほうり込まれた彼女たちの発言には、痛々しさすらある。

『中華丼は自分で作るより、レトルトの方が美味しい』（三〇歳）、『パスタソースは自分で作ると物足りないので缶詰を足す』（三一歳）、『クリームシチューは自分で作るとご飯のオカズになるような味にならないから既成品のルーを使う』（三四歳）、『チンジャオロースーやマーボー豆腐は素を使わないと得体の知れない味になる』（四一歳）」

プロがつくる味、あるいは添加物がつくり出す強い味に慣れた彼女たちは、当然のことながら、買ってきた惣菜も自分の料理より高く評価する。

「『自分ではサラダ屋のサラダのようには作れそうにないので、和えたサラダはうちで作らずに買う』（三二歳）、『明太子ソースは自分で作ると生臭くなりそうなので、作ったりせずに家族の喜ぶ市販品を使う』（三七歳）、『コロッケは私が作るより買ったほうが美味しいと思うので自分では作らない』（三五歳）」

プロがつくる料理と家庭の味は本来別のものである。プロの味はインパクトがあって、安定しているかもしれないが、家庭の味はブレがある。失敗する日もある。しかし、土地の風土に合い、季節や天気、その日の体調や好みに合わせてつくるものを選べる。なじんできた味に安らぎを感じる。そういう自分の基準を、彼女たちは持っていない。失敗する自分も許せない。

実は、味はどうでもいいのではないか。調査では、評判になった店の味や新商品をチェックしていることを誇る証言もあった。売っているもののほうがおいしい、と言うのは、メディアの評判や宣伝の文句を鵜呑みにしているだけではないか。自分の欲求には無頓着なのだ。そのどうでもよさ、は家族に対する態度にも表れる。

残業などで食事をともにすることが少ない夫について、夜ご飯を「コンビニに何か買いに行ったようだ」と中身を知ろうとしない。「休日、私は起きないが、夫と子どもはご飯の朝食を食べたくて牛丼屋に月三回は行っているようだ」という女性もいる。家族の行動を推測で語る女性たちは、ともに生活を築いていく気持ちを持っているのだろうか。もしかすると、夕食のドタキャンをくり返す夫にあきらめを感じているのかもしれない。

心配なのは、育ち盛りの子どもの食生活にも無関心なことだ。好きそうなものを冷蔵庫にストックしておき、何を選んだか知らずにいる。中には、朝から夕方まで連れ歩いておいて、子どもがぐったりしているのは、昼食をとらなかったからだと気づかない主婦すらいる。子どもは「おなかすいた」と言うこともできなかったのだろうか。証言する主婦自身も、おなかがすかなかったのだろうか。

自分の味覚にも、夫の健康にも、子どもの成長にも彼女たちは頓着しない。家庭を営んでいる当事者だという意識が希薄な、角田光代が描いた小説に出てくるような主婦は、現実にもたくさんいるのである。

料理を教えなかった母親たち

一九六〇年以降に生まれた主婦の結婚生活を背後で支えているのは、昭和前半に生まれた母親たちである。彼女たちは、独りで日替わり献立を工夫し料理メディアで学び、腕を上げレパートリーをふやすことに邁進してきた。そして今は、娘や孫のために冷蔵庫をいっぱいにして、与える喜びを独り占めしている。

この世代は、戦中戦後に少女時代を送っている。食糧難にあって大変だったと自分の少女時代を振り返る母たちは、自分も母親から料理を教わって来なかったと証言している。

生きる術であり支えとなる、食の知恵と文化を伝える流れが、戦争で断ち切られた。自分たちがされなかったことだから、やり方がわからない。やる必要があることも知らない。だから、娘につくり方を尋ねられても、雑誌などで習い覚えた自分の料理はいい加減だから料理教室へ行けと言ってしまう。自分が教わっていないから、教えないと娘が覚えない事実に気づかないのだ。

母親たちが主婦になった時代、台所を取り巻く環境は激変した。ピカピカの立ち流しの台所を持った誇らしい気持ちも、スーパーに並ぶ豊かな食材を買う喜びも、見たこともない料理を覚えて食べる感動も体験した。しかも専業主婦になることは、喜びであり誇りだった。料理を積極的に覚える動機がそろっていたのである。

その感動を、娘たちが共有できないことに母親たちは気づいていない。豊かさが当たり前の時代に育った娘たちは、自分がつくるよりはるかに複雑でインパクトのある味をもつ加工食品や外食、店の惣菜が簡単に手に入る時代に結婚したのであり、つくるより買うほうが早いと判断したくなるような誘惑が溢れる社会に直面しているのだ。

母親たちが、娘と自分の違いを認識できていないことは、娘を料理上手だと発言することからもうかがえる。料理を教えたこともなく、娘の手料理を食べたこともないのに、娘はきちんと食卓を調えていると信じている。彼女たちは、お腹を痛めて産んだ娘を、自分の分身やコピーのように感じているのだろう。

娘たちのほうも、親離れできていない。傍観者のように家族を眺め観察結果を報告するのは、家庭を営んでいる自覚がないからである。心の底では、食事の支度は自分ではなく母親がやるべきだと思っているのではないか。

売っているものをおいしいと鵜呑みにするのも、当事者意識がないからである。誰かが教えてくれるのを待つ子どもの感覚でいるから、自分で判断できない。自分で考えないから、自信がない。結婚して子どもまでいるのに、親に依存したまま自分の人生を生きていないのである。

彼女たちが料理に苦手意識を持っているのは、つくれないのではなく、自信がないからである。何しろ、気が向けばだしもとるし、豚の角煮やマカロニサラダもつくる。さまざまな食材を使ってアレンジする能力もある。

基礎がないと思えばレシピ本を買うなどして調べればよいのに、努力することを放棄している。食べたい味や食べさせたい料理も、うまくなりたい欲求もない。

娘たちはおそらくいい子として育ったのだろう。言われた通りに勉強して人並みの結婚をした彼女たちは、自分自身が何を望み、どういう方向に向かって生きたいのかを考えていない。親がそうしろと言うから、周りもそうするから、母親と同じ専業主婦になるというレールの上を歩いてきただけだ。だから、その先をどう生きるかのイメージがない。娘時代の延長線上で遊び、料理もやらされている感があって本気になれない。

献立を立てて料理するということは、何を食べたいか、食べさせたいかという欲求に能動的になることから始まる。心からおいしいと思って食べ、家族が喜ぶ顔を見る。欲求を満たせば幸せな気分になるはずだ。彼女たちは自分の欲求も、家族の欲求も知ろうとしていない。情報に振り回され、家事や子育てをわずらわしそうに語る彼女たちは、幸せそうには見えない。

ままごと料理の『マート』

〈食DRIVE〉調査は皮肉にも、食卓を調えるには経験と自信が必要という現実を浮かび上がらせた。料理を教わらずに育った昭和前半に生まれた母親世代らが料理できるのは、家族の健康を守ることを自分の仕事として責任を持ち、つくり続けてきたからである。

失敗もしたはずである。基礎がなくて途方に暮れたこともあるはずである。しかし、主婦という仕事に使命感を持っていた彼女たちは、メディアの力を借りつつ、自分の力でわが家の味をつくり上げた。親の力を借りずに仕事をやり遂げた母たちは、その術を娘たちに伝えなかった。

娘たちは、基本を知る前に雑誌でアレンジ料理を覚えた。だしその他の合わせ調味料をスーパーで見つけた。自分が何を求めているかを考える習慣をつけずに、モノと情報があふれる社会の真ん中にほうり出され、途方に暮れている。

彼女たちが主婦の全体像とは思えないが、その裾野はけっこう広い。その傾向は、長らく日本人が食べてきた定番の和食に使う食材の消費量低下となって表れている。

総務省の家計調査によれば、昭和半ばのピーク時と比べて、白菜の消費量は約三分の一以下になり、サトイモや大根は半減した。しょう油も使われなくなっている。ピーク時の一九六三（昭和三十八）年に比べて、二〇〇四（平成十六）年は消費量が三分の一以下になっている。メーカーは、封を開けても味が落ちない生しょう油や、一リットルから七五〇ミリリットルにへらしたサイズのボトルを売り出すなど、あの手この手でしょう油離れを食い止めようと必死だ。替わってふえたのは、つゆ・たれの類で、一世帯あたりの年間購入金額では一九九四（平成六）年に逆転している。

使われる調味料の変化は、好みに合わせて調味することとすらしなくなった人が主流になったことを表している。

何しろ、洋食や中華は顆粒・固型スープが広まって普及した。カレーもルウがある。和食だって、だしは市販品でいいじゃないか。合わせ調味料を使う生活が定着すると、何にでも素を使うようになる。そのうち、市販品の味に慣れて自分の味がわからなくなる。

時代の変化を裏づけるように、二〇一〇年ごろから、味つけの一切がお任せの合わせ調味料の人気が高まっている。爆発的なブームとなった食べるラー油のほか、かけただけで味が決まるソースなどがウケている。また、二〇一一(平成二十三)年に出たカルピスを使ったレシピ本をきっかけに、翌年になると食品メーカーが自社製品を調味料として使うレシピ本も次々と出版され、人気を呼んだ。自分の基準を持たない現代人は、食べ慣れた味ではなく、時流にのった未知の味に自分を合わせようとしている。

二〇一〇(平成二十二)年に、品切れが起こるほど人気を呼んだ食べるラー油の火つけ役は、二〇〇四(平成十六)年に創刊された主婦向け情報誌、『マート』(光文社)である。この雑誌のキャッチフレーズは「もっと生活遊んじゃおう!」。『マート』が提案する家庭生活は、モノを買うことによって成り立つ。

雑誌の大半が買いもの情報で、食材を調達する店まで指定する。一九九九(平成十一)年にアメリカから上陸した会員制のコストコがその代表的存在で、大量買いが前提になっているスーパーである。あるいは、輸入食品を中心にした食材チェーン店のカルディコーヒーファーム。こちらは日本人が社長で、一九八六(昭和六十一)年に一号店を出店した。急激に店舗数をふやしたのは、二〇〇〇年代に入ってからである。

二〇一〇年代に入って独自の品ぞろえをするスーパーや食のセレクトショップが人気を集めるが、その潮流はこの頃から始まった。

これらの店に共通するのは、加工食品のバラエティが豊富なことである。『マート』が紹介するコストコの人気食材を、二〇一二年六月号から挙げてみよう。

パスタや具材にかけるだけで味つけが必要ない「カゴメ　ドリアベース　デミグラスクリーム風味」。本格的なカレー味の素「マスコットフーズ　印度の味　カレーペースト中辛」。本格イタリアンをつくれる「秘密の味」の「サバロット　ドライポルチーニ茸」。いずれも外国料理をつくる材料である。これさえあれば、誰がつくってもレストランのような味にできる。

『マート』読者は、こういった店でほかのスーパーでは売っていない調味料や食材を買い、目先の変わった味を楽しむ。

『マート』がくり返し推す調理道具に、ル・クルーゼの鍋がある。フランス製のカラフルなホウロウ鍋である。九〇年代初めにフランス人フードプロデューサーの、パトリス・ジュリアンが紹介した。人気に火がついたきっかけは、二〇〇三年に出版されたレシピ本、『「ル・クルーゼ」だから、おいしい料理』（平野由希子・地球丸）である。素材の味を引き出し、ムラなくすばやく火を通す特徴がある。

赤や黄色、緑、ピンク、オレンジなどの色で、キッチンを明るく彩る。デザイン性が高いので、食卓に鍋ごと出してもおしゃれに見える。

白米の炊き方から入る冒頭の見開きで紹介されるのは、ご飯の供を買ってきて、かわいく盛りつけることである。「有名焼肉店『炭火焼肉たむら』のお肉の入ったにんにく味噌」や、「湯沢のホテル・エンゼルグランディア越後中里」の「梅山ごぼう」をル・クルーゼ製ハート型の小鉢に入れる。買ってきた梅干しや佃煮も、小鉢やレンゲに盛りつければおしゃれになる。

次の見開きでようやく料理が出てくる。しかし、「そぼろと枝豆の混ぜ込みご飯」のつくりかたは、炊き上がったご飯に、市販の鶏そぼろと冷凍枝豆を混ぜ込み、炒り卵とさやいんげんの細切りを添えるだけ。「鮭ごはん」は、ご飯に焼き鮭やいりゴマなどを混ぜ込み、万能ねぎを散らすだけ。料理をしている、という感じではない。後半でようやく簡単に火が通る利点を利用した、豚の角煮や筑前煮、ハヤシライス、ポトフなどの煮込み料理が紹介される。

『マート』の読者は、あまり料理が得意でないらしい。しかしブランドの味は好きだ。覚えるのはめんどうだから、市販品に頼って食卓で遊んじゃおう、と雑誌は提案する。料理はままごと遊びなのである。そのままごとっぷりは、「キャラ弁のように難易度

『マート』2012年３月号。ル・クルーゼはくり返し登場している

の高いテクニックはまったくいりません」と紹介する二〇一二年六月号のお弁当特集で全面に押し出される。

キャラ弁とは、二〇〇五年ごろから、インターネット上のブログが発信源となり流行した、アンパンマンなどキャラクターの顔を食材でつくる子ども用の弁当である。キャラ弁において重視されるのは、栄養のバランスではなくビジュアルである。二〇〇二年から日本でも広まったブログは、パソコンを扱えれば誰でも写真や文章を投稿できる。発表の場を得て、記念に残しておきたいお弁当の写真を投稿する人がふえたのである。

『マート』のお弁当特集は、遊び心が満載だ。ハートの型にご飯を詰めてつくったおにぎり、オレンジや緑がかわいい「彩り野菜カップセット」に入れたピクルス。ひまわりのような形に切ったウィンナー。缶詰のスパムと卵焼きを挟んだカラフルなおにぎり。セロファンのシートでくるんだ手巻きずし。どんな料理をつくるかより、どんな器にどのように並べるかのほうが重要なのである。

栄養のバランスも、好き嫌いも、お腹がいっぱいになるかも、どうでもいい。「おいしそう」と言わせるより「かわいい」と言わせたほうが勝ち。料理が、ファッションの小道具と化してしまっている。そういえば、『マート』は、『別冊女性自身』として創刊されている。

一九七五（昭和五十）年に『別冊女性自身』として創刊されたのは、『JJ』だった。首都圏や関西圏の有名大学のお嬢さま読者モデルをひんぱんに紹介した光文社が、二〇〇〇年代の勝ち組と捉えたのは、やはり都市部の生活を遊べる余裕がある層である。何しろ全国十三店しかないコストコは都市部に集中している。『マート』はファッション誌なのだ。そう考えれば、部外者にはわからないブランド名も、ビジュアルを最優先するノリも納得できる。

二十一世紀初頭、時代のトレンドリーダーは、独身のお嬢さまではなく子どもがいる主婦になった。主婦はすでに既婚女性の多数派ではない。独身女性、子どもがいない女性も多い。数が少なくなって、子育て主婦は希少価値をアピールできる存在になった。

何しろ不況で先も見えない。遊び感覚で子育てする余裕のある専業主婦は少ない。育児休業法が施行されて二十年以上経ったが、出産を機に退職する女性が約四分の三もいる状態を維持している。共働きやシングルマザーはふえたが、育児しながら働く彼女たちは、経済的にも時間的にも余裕がない。

コストコで大量買いして食品を余らせたり、輸入食材を買ってみたり、デコレーションで食卓を賑わせる消費意欲旺盛な主婦は、モノが売れない時代に貴重である。何より、彼女たちは神聖なる母なのである。誰にも文句は言わせない。母としての全能感が無軌道な行動に駆り立てている。なぜ彼女たちは、そこまで羽目を外して生活できるのだろうか。

平成版子どもたちの食卓

全盛期の『マート』の中心読者は、七〇年代生まれである。団塊ジュニアとも、コギャル世代とも言われる女性たちだ。彼女たちの母親世代は、昭和二十年代生まれ。大人たちが生きることに必死で子どもをみる余裕がない時代に生まれ、価値観が大きく変わる中で育った。絶対と信じられる価値観はない、と身にしみた世代である。八〇年代に子育てした彼女たちは、台所にこもって料理の腕を上げることに邁進したり、外で働きながら家庭を回していくことに忙しかった。子どもたちは、よく言えば自主性を尊重され、悪く言えば放任されて育った。

娘たちが成長して社会に出たときは不況の真ん中で、結婚して子どもを産むことが、誰にでも可能ではないことが明らかになっていた。

恵まれていることを自覚している彼女たちは、六〇年代に生まれたお姉さん世代のように料理することを義務と考えず、できない自分を肯定している。親も自分らしく生きることを尊重してくれる。誰も文句を言わないうえ、雑誌が肯定してくれるのである。家事だの子育てだの、面倒なことは遊びに変えちゃえ……しかし、本当にそれでいいのだろうか。

食は命を支える基本であり、体をつくる。二〇〇六(平成十八)年から流行語になったメタボリックシンドローム、肥満を含む生活習慣病は名前のとおり、日々の生活習慣から発症し、やがて死に至る危険がある。食べ過ぎは、メタボの主な病因の一つである。

世の中にあふれている、トロトロのスイーツやサクサクのとんかつは、油脂がたくさん含まれている。コンビニのおにぎりにも、油脂が含まれている。逆に、カロリーオフの飲料には、食品添加物が多い。食品添加物には、味のインパクトを強くしやみつきにさせる効果もある。長持ちする漬けものや豆腐にも食品添加物が含まれている。人間が口にして来なかったものでつくる食品添加物には、長い間とり続けた場合の安全性が疑問視されているものが少なくない。食の専門家たちが手づくりを奨励するのは、理想だからではなく人々の健康を守るためである。

しかし、ここまでに紹介した二十一世紀の子育て主婦は、どの世代にも、家族の健康を守る当事者であるという意識が欠けている。子どもを育てているのに食に無頓着でいられるのは、他人ごとのように人生を送っているからである。遊び感覚で暮らすということは、本気ではないということである。

遊びは簡単に辞められる。夫が失業した、自分が病気になった、子どもが事故にあった、住んでいる街を地震や台風などの災害が襲った、火事が起こった。そういう非常事態に直面したときに、遊び半分で暮らす家族は、一致団結して乗り越えられるのだろうか。そして、不健康な食事で育つ子どもの将来はどうなるのだろうか。

外からは見えにくい、子どもたちの食卓を人々の眼前にさらしたのは、二〇〇六年六月四日放送のＮＨＫスペシャル、『好きなものだけ食べたい』である。

どこにでもいそうな家族の日常から、バランスが崩れた食生活を見せる番組には説得力がある。おばあちゃんがつくった煮つけを嫌がる息子は、台所からレトルトの豚丼を出してきて、たまねぎだけを避けて食べる。太りすぎた少年は、病院での合宿で偏った食生活を正すことを学ぶ。親が栄養を考えて食事を調えようとするのに、言うことを聞かない子どもがいる。親の言うことを聞かない子どもが、子どもをしつけきれない親が、偏った食生活を支えている。

アサツーディ・ケイの調査を、対象が偏っているのではないか、と疑った人も、一応は調った食卓で、子どもたちの偏食をやめさせられないというNHKの報道は認めるしかないだろう。

NHKは、それより少し前、一九八二（昭和五十七）年に子どもの孤食を社会にさらした『知っていますか　子どもたちの食卓』の調査を引き継ぐ形で一九九九（平成十一）年にも食卓調査を行っていた。その結果は、『クローズアップ現代』で放送した後、『知っていますか　子どもたちの食卓　食生活からからだと心がみえる』（足立己幸・NHK「子どもたちの食卓」プロジェクト・NHK出版）にまとめられた。

全国十八の小学校の高学年を対象に、食事のシーンをスケッチしてもらい、アンケートに答えてもらう。調査の結果明らかになったのは、忙しいからだけでなく、子どもに関心がない親が珍しくない実態である。

都会だから、というわけではない。大家族が多い農村部でも、農作業で忙しい大人たちとは別に食事をとる子どもたちに、調査者たちは出会う。互いに無関心な家族の食卓を描写した子どもたちの寂しさを表した絵と文章に、大人たちは珍しくもない風景を見つける。

「朝食はインスタントラーメン。夕食は、ちらし寿司。でも、お菓子をいっぱい食べていたからお腹はすいていませんでした。夕食を食べているとき、お父さんとお母さんはテレビを見ていました」

「今日の朝食は、みそ汁とご飯とイチゴでした。僕が朝食を食べているとき、お母さんは台所にいて、お父さんは新聞を読んでいました。家族そろって朝食を食べることはありません」

子どもの孤食が問題なのは第一に、バランスのよい食事をとっているかどうか、親の目が届かないからである。親のいないところでケーキを朝食にする姉妹や、ご飯と麦茶だけを夕食に一人でとる少女、ピザまん一個で夕食をすませる少年が登場する。

野菜などをほとんどとらない子どもたちもいる。嫌いだからと残す子もいるし、そもそも食卓に野菜の献立が並ばない子もいる。バランスが悪い食卓は孤食の子に多い。栄養が偏っているせいか、不定愁訴がある子どもが多い。

子どもの孤食の第二の問題点は、食事のおいしさが半減することである。

子どもは、愛情を与え合う関係の中で成長する。十分な愛情を与え合った実感があって、子どもは困難や孤独に耐えられる大人に成長する。子どもが、かまって欲しがり、観て欲しがるのは愛情を求めているからである。家族に話したいこともたくさんある。もし、ほかの時間に家族がともにいるならいい。そういう時間もないまま毎日の食事を独りでとっていて、子どもは愛されている、守られているという実感を持てるだろうか。健やかに育つだろうか。

子どもの孤食が判明した一九八二年、小学校高学年だった子どもは、七〇年代生まれである。〈食DRIVE〉調査に応じた主婦の下のほうの年齢層や、『マート』の読者世代である。彼女たちに食生活に対するビジョンがないのは、子ども時代に、独りで食べてきたからかもしれない。親が目配りしてくれなかったから、自分も家族に無関心なのかもしれない。料理の基本がわかっていないのは、塾から帰ったときに一人で、親が働いている間に一人で、用意された食事をとってきたからかもしれない。自分も一人で食べて育ったから、家の中にいながら子供を一人で食べさせておいて平気なのかもしれない。

一九九九年の調査では、すっかり孤食に慣れて、独りで食べるほうが楽しいと答える子もいる。そういう子どもが大きくなって、人と一緒に食事をすることはできるのだろうか。

二〇〇二（平成十四）年には、『アエラ』九月二日号で、「若者は食事嫌い　だらだら食い」という記事が出た。おやつしか食べない、食事の時間を決めていない、お腹がすいたという感覚がなく、食べることに関心がない若者たちが登場する。二〇〇四年、厚生労働省がまとめた国民健康・栄養調査では、若者の三割が朝食抜きと答えた。二〇〇九（平成二十一）年には、一人で食べる姿を見られたくないからと、トイレで食事をする学生たちの存在を、朝日新聞が七月六日の夕刊で報道した。大学では、トイレでの食事を禁止する張り紙を貼っている。大学生のつき合いに必然だった飲み会もへったという大学の先生の声も聞く。人と一緒にいるとご飯が食べられない若者もいる。

食事をともにすることは、関係を深め親しくなるきっかけとなる。おいしいものを食べてその喜びを分かち合ったとき、お腹を満たしてリラックスしたとき、人はともに食事をした人に気を許すのである。同じ釜の飯という言葉は、食事が人と人を結びつけることを表現している。食事を人と楽しめないと、親しくなるチャンスがへらないだろうか。その先には結婚難がみえる。

高度成長期を経て、この国は豊かになった。世界各国の食材が手に入り、それを使った料理のつくり方を知ることができる。各地の味を食べに行くことができる。昔なら王侯貴族しかできなかったような贅沢を、気軽にできる時代になった。

一方で、家族の食卓はどんどん孤独になっている。子どもが独りでご飯を食べる。偏食する。大人も独りで食べ偏食する。親と子はともに暮らしていてもお互いに無関心である。気持ちがかみ合わず、愛情を与え合った実感もなく育つ子どもたち。建前とは裏腹に、昭和の家族も平成の家族も、愛し合うことを知らない。自分のことにすら無頓着な主婦たちの、殺風景な食卓。この国は本当に豊かなのだろうか。

みそ汁と炊けたご飯の匂いが漂う台所から、お母さんが「ご飯できたよ！」と叫ぶ。その声につられて子どもたちが集まり、「食器並べて」と言われて、食器棚からお椀や箸を取り出す。そうして栄養のバランスが整ったおいしい食事を、家族がそろって囲むだんらん。そんな光景は、もしかするとメディアの中のフィクションに過ぎないのかもしれない。

(2) 女子のご飯、男子のご飯

主婦に大人気、『花のズボラ飯』

ここで一度、子どもがいる家族から離れてみよう。夫婦と子どもの核家族はもはや圧倒的多数ではなくなっている。厚生労働省の調査によれば、二〇〇九(平成二十一)年の核家族は全世帯の一八・五%、夫婦だけの世帯が二九・八%、一人暮らしが二三・〇%を占める。核家族以外の家のほうが多数派なのだ。少子化と晩婚化が進む時代の食卓を考えるには、子どもがいないシングルやカップルを避けては通れない。

そういう時代の変化を反映するように、二〇〇〇年代終わりごろから目立ち始めたのが、女子のご飯、男子のご飯というくくりである。

大人の男性を男子、女性を女子と呼ぶのは、基本的に性別や年齢といった社会的役割を意識しない自由なときである。昭和の時代と異なる、現代的な男女の在り方を示すニュアンスも含む。

まずは女子のご飯から。大人向け少女マンガ誌『エレガンスイブ』で二〇〇九年から二〇一五（平成二十七）年まで続いた久住昌之原作の人気連載で、テレビドラマ化もされた『花のズボラ飯』（水沢悦子マンガ・秋田書店）を紹介しよう。

駒沢花は三十歳の書店アルバイト。夫のゴロさんが単身赴任しているため、東京のアパートで一人暮らしをしている。なかなか夫に会えない寂しい日々だが、一人の気楽さも楽しんでいる。何しろ部屋はゴミ溜め状態。脱ぎ散らかした洋服が山となって初めて洗濯する。洋服や通販の便利グッズを衝動買いする。二十一世紀になって何かと注目を集める「片づけられない女」の代表のような女性だ。

しかし、花の食生活の無軌道っぷりには、爽快感が漂う。人目を気にしない手抜きの食卓は邪道オンパレードだが、顔を真赤にして涙目で「うっまーい！」とほおばる花を見ると、思わず真似してみたくなる。

キャベツを刻みスライスチーズ、鮭缶フレークを三段重ねにして食パンにのせ、トースターで焼くだけの鮭トーストの夕食。卵かけご飯に、袋から直接しば漬けをつまむ主食だけの夕食。一〇〇グラム二千円の高級ステーキ肉を買ってしまった夜は、テーブルの上に散らかったものをクロスで隠し、ワインを飲みながら肉だけをご飯と食べる。隣のカップルからもらった栗は、皮むきが大変、と料理上手な店長の奥さんに

メディアでも話題になった人気マンガの『花のズボラ飯』

あげてしまう。ポテトチップスをおやつにした夜は、レトルトのクリームシチューにパセリを刻んだ一品で夕食完了。

いまどきの若い主婦らしく、煮込み料理は得意なようで、カレーは鍋にこびりついたルウをドライカレーと称してご飯になすりつけ、木杓子を使って完食。ポトフは、たまねぎにはクローブを挿し、厚切り牛肉と、ローリエも入れる凝りようだ。

花の煮込みにかける情熱は、ふだんの手抜きの食卓とギャップが大きすぎるが、（1）で見てきた実態を考えると、典型的な平成主婦像と言えるかもしれない。

夫が帰ってくるときは外食、学生時代からの友人が遊びに来るときは、二人でピザを取る。花が腕をふるって手料理を振る舞う場面は出てこない。つくることが面倒だから、人と食べることを口実にサボりたいのだ。ふだんは、自分を鼓舞するように、独り言で盛り上げて食事の支度をする。たとえば、ありあわせの白菜ベーコン鍋をつくる疲れた夜。

「白菜を……このようにザクザク切りまして　ベーコンも3つに切って　このベーコンがまた　ゴロさんと正月に成城石井で買ったイイヤツなんですな」と独り言を言った後、ベーコンに向かって「イイヤツ……お前　ほんっとイイヤツだよなぁ……　今、火通してやるからな」と語りかける。

「鍋を思い切り詰め込みます　詰め込む時にベーコンを白菜の間に挟み込んでいきまして　コンソメも適当に挟み入れませうね　どうですこのギッシリ感　朝の埼京線も真っ青!!」

といった調子で、ふざけながら料理を進めるのである。がんばってつくった料理に癒される花。

読み進めるうちに、花は無軌道なようで、栄養のバランスも考えていることがわかってくる。野菜を切る場面も多い。しかし、よく考えれば単身赴任でなくても、夫が残業のとき、家族がいない昼など、一人で食べる主婦は多い。ずぼらな花に共感する主婦たちは、既成品より簡単でヘルシーな手料理の世界があることを、このマンガを通して知る。二〇一一年にはレシピ本まで出ている。

平成の主婦たちが料理を面倒がるのは、もしかするとメディアも周囲も主婦本人も、みんなして家庭料理のハードルを上げてしまったからかもしれない。簡単料理のレシピ、という紹介はくり返し料理メディアに登場する。一方で、手の込んだ料理を何品も揃え、日替わりの内容で家族を飽きさせるべからず、というメッセージも同時に発信する。

休日がない主婦の大変さに共感を寄せながら、きちんとした料理を毎日つくらなくても大丈夫、一番大事なのは、おいしいと思いながら食べること、と『花のズボラ飯』は語りかけている。

レシピブロガー登場

主婦と違い、義務感がない独身の若い女性はつくることを楽しんでいるのかもしれない。というのは、二十二歳でデビューしたレシピブロガー出身のＳＨＩＯＲＩが、若い世代から熱い支持を集める料理研究家になったからだ。彼女が出した『作ってあげたい彼ごはん』（宝島社）は、六巻まで出た大ヒット作。

二〇〇七年にデビューしたＳＨＩＯＲＩは、一九八四（昭和五十九）年生まれ。短大時代の就職活動は不況のため挫折した。本当にやりたいことは何かと考えた末に出てきたのが、フードコーディネーターという職業だった。

フードコーディネーターとは、平成になって出てきた料理研究家のジャンルで、レストランのメニュー開発などビジネス分野にも関わる。

小学生のころから料理が好きだったＳＨＩＯＲＩは、栗原はるみに憧れ、通ったクッキングスクールの先生に見込まれアシスタントになる。その傍ら、ファッション誌に企画を持ち込み、仕事を得ていく。宝島社に本の企画を持ち込んだところ、まずは料理を知ってもらうことから、と言われてレシピブログを始めるとすぐ人気となり、数カ月でデビューした。

ＳＨＩＯＲＩがトントン拍子にデビューできたのは、料理のつくり方をインターネットで検索する文化が若い世代を中心にできあがっていたことが大きい。クックパッドなどレシピ専門サイトもある。素材を持て余したら、クックパッドで検索する。つくってみたい料理があれば、検索する。気に入ったレシピを発信するブログの読者になる。ブログからデビューできたのは、ブログ文化があったからである。

レシピブロガーのデビュー話をまとめた『レシピブログで夢をかなえた人たち』（井垣留美子著・レシピブログ監修　ヴィレッジブックス新書）には、七人ものプロになった人々が登場する。

その中でSHIORIが語るビジョンは明快だ。まずは二十二歳でレシピ本を出すこと。それから、主婦ではない若い同世代がつくりたいと思う料理を提案することだ。自分のレシピは定番が多いと話す彼女の言葉を引用する。

「女のコがはじめて料理を作るぞ!!ってとき、いきなり自分も食べたことのない未知の味に挑戦するのって勇気がいるでしょ？　初めての味だと、レシピどおり作っても果たしてこの味であってるのかがわからない」「まずは自分も食べ慣れた定番メニューからはじめれば、味のイメージも見た目のイメージも想像しやすくって、おいしく再現できたときの感動はでっかい！　で、料理を作るのが楽しくなる。そして好きになる」

小林カツ代が人気者になったときのコメントを思い出させる。いつの時代も、料理が好きで料理研究家になる人が考えることは同じなのだ。

カフェ飯スタイル

ＳＨＩＯＲＩの『作ってあげたい彼ごはん』は、全巻を通して本人のスタイリングで、洋風にかわいらしく演出されている。和洋中なんでも組み合わせる彼女のレシピは、カフェ飯であると考えると、わかりやすいかもしれない。

カフェ飯というのは、ご飯とメインの料理、サラダなどがワンプレートにのった食事で、お子様ランチの大人版、あるいは定食といった趣がある。カフェを名乗る新しい形態の飲食店は、九〇年代後半から都市部を中心に急速にふえた。流行し始めたときは、昭和の喫茶店と比べて店の敷居が低く、居心地がよいことを売りにする店が多かった。従来の定型を外した飲食店として登場したカフェには、大まかに分けて三つのタイプがある。

第一のタイプは、スターバックスをはじめとする、コーヒーチェーン。本格的な淹れ方のコーヒーと、スタイリッシュな空間を特徴にしたスターバックスが日本上陸したのは一九九六（平成八）年である。

同じころ、大きな窓ガラスで自然光がたっぷり入る店や、店の前にテーブルを並べたヨーロッパ風のテラスカフェが次々とできた。喫茶店でもレストランでもない、ファストフードとも少し違う第二のタイプの売りは、スタイリッシュなことだ。

居心地のよさというカフェの特徴が最も表れたのが、三つ目のタイプだ。古いビルの一部や住宅街の民家を改装するなど予算をかけずに、おしゃれな空間デザインにしている。赤や青、黄色のカラフルなペンキをサッシや壁に塗り、ランチメニューを書いた黒板を店の前に出す。木の衝立や観葉植物でアジアンテイストにした店もある。デザインの違うテーブルや椅子を並べてみたり、ソファも木の椅子も置く。何々スタイルというのではない、店主の好みで統一された空間は、誰かの部屋を訪れたような暖かい印象を与える。

この手の店が出す料理がいわゆるカフェ飯で、大根とアボカドを使ったエスニックサラダとか、雑穀ご飯にボリューム感たっぷりの肉料理といった、無国籍風スタイルだ。アジア風なのかと思えば洋風もある。乾物や根菜など、和の素材もよく使われている。

カフェ飯は、とくに高度成長期以降、世界各国の料理を貪欲に吸収してきた日本らしい料理の進化を遂げている。

昔ながらの和食、高度成長期に家庭料理の定番となった洋食や中華、八〇年代以降に定着したスパイスやオリーブオイルを使った本格フレンチ、イタリアン、エスニック、そして意外な食材を組み合わせる無国籍スタイル。カフェ飯は、そういうたくさんの味の経験を積み重ねた日本で生み出された、新しい和食なのである。

日本のものはもちろん、世界各国の食材や調味料を組み合わせる。味や食感に変化があって楽しく、栄養のバランスも考えられている。カロリーの高いメニューもあるが量が多くないので、基本的にヘルシー志向とみていいだろう。しかも、合わせる主食はご飯が多い。しょう油を隠し味に加えたソース、切り干し大根のサラダなど、伝統的な食材が新しいアレンジで入っている。

有機野菜を使う、雑穀ご飯を取り入れるなど、ヘルシーを売りにしている店もある。雑穀ご飯は、戦後の食糧難の時代までは貧しい農村部の日常食だった。それが、二〇〇〇年代に入り、ミネラル豊富な健康食材であることが発見され、独自のブレンドで食べやすく工夫したメーカーがふえ、家庭に飲食店に入っていった。

カフェ飯は、ブームになった二〇〇〇年代前半、書店にレシピ本がいくつも並んだ。NHKの『きょうの料理』でも、二〇〇〇年十二月号で「年末、年始にラクしておいしいワンプレートで簡単ごはん」という特集をしている。

内容は、「塩焼き豚＋キャベツご飯＋里芋のスープ」、「かぼちゃの和風カレー＋大根のもみ漬け」、「ゆでだんご＋ブロッコリーのサラダ＋ザーサイぞうすい」、「チキンのワイン煮込み＋トマトとピーマンのサラダ＋パセリライス」、「きのこ汁＋大根そば＋みつばのたくあんあえ」などで、ようするにワンプレートで盛れば何でもカフェ飯になるのである。

SHIORIの女子レシピ

SHIORIの『作ってあげたい彼ごはん』に戻る。最初に紹介される三つのメニューは、ブログの人気ベスト3だ。

「チキンカチャトラ」は、焼いた鶏もも肉を細かく切った野菜やきのこ、トマト水煮缶、ブイヨンなどで煮込んだ料理。写真では雑穀ご飯とベビーリーフのサラダがカフェ飯スタイルでワンプレートに並んでいる。ご飯はお碗に詰めてひっくり返した形で、どことなくお子様ランチ風だ。

続いて「トースターでかんたん手羽先」。持ち運びしやすいよう油紙でつくった箱に入れ、半分に切ったレモンを添えている。楽しげなリードが挑戦したい気にさせる。

「トースターでサッとできちゃうお手軽なひと品。油で揚げないいし、ボウルもさい箸もいらないのが魅力。

ひとり暮らしのお部屋でもできる、超〜楽ちんなメニュー♪」

三位はドライカレー。真ん中に仕切りが入ったワンプレートに、かわいらしくカレーがもりつけられた写真がある。カレーの上には生卵の黄身がのっている。ブログには、挑戦した読者の喜びの声が届いている。その一部も紹介されている。

「SHIORIちゃん'sレシピのドライカレー作りました！めっちゃおいしくてみんなによろこばれました♪おいしいねっていわれるとホントうれしいですね（≧w≦）」

SHIORIのレシピの特徴は、初心者でもわかりやすいよう若者言葉で解説するコラム、SHIORI's Adviceがつくことにもある。カフェ飯風にスタイリングされた和食メニューをSHIORI's Adviceとともに紹介しよう。

「具がたっぷりのとん汁」（かわいらしい花の模様が描かれたお茶碗入り。生成りのランチョンマットの上に載っている）

シリーズ化された大ヒットレシピ本『作ってあげたい彼ごはん』より

「コンニャクはアク抜きのものを使うか、アク抜きでない場合は熱湯でサッとゆでてね〜。ほかにも冷蔵庫と相談してお好みの具を加えてもOK。サツマイモとカボチャを入れても、ほっこりして甘みが増しておいしいよ〜♪」

「肉じゃが」（豚汁で使ったのと同じ茶碗に、木のスプーンが添えられている。板敷き）

「調味量《ママ》を2度にわけて加えることで、より味がしみ込んでおいしさUP！　鍋によって容量が違うから、肉じゃがを作るときはだしと調味料を加えて具がひたひたになるくらいの水分量に調節してね！」

SHIORIのオリジナリティは、料理そのものではなく、かわいらしいスタイリングと、初心者の気持ちに寄り添った親切なコメントにある。

記号を駆使したおしゃべり感覚の携帯メールが広まったのは二〇〇〇年代初め。数年後の携帯メール世代の文章は、ここまで柔らかい。友達に語りかけるような文体で、一緒に台所に立っているような臨場感がある。

携帯メール世代のファッション感覚と文章があれば、なじみがなかった昔の味も新しい味も、楽しく食べられてしまう。好きな誰かが喜ぶ顔を想像しながらつくる自分が好き、と思いながら料理を始める女子がふえそうな本である。

年齢や世代によって、体験してきたことや興味は異なる。この本は、台所が神聖な場所だとか、遊ぶ場所ではないと考えている中高年にはそっぽをむかれるだろう。このデザインが、この文体が、このノリが、昭和世代にはついていけない。本のつくりは記号なのである。SHIORIの本は、携帯メール世代に、「私たちの本だよ」とメッセージを送っている。

高度成長期の新米主婦が『主婦の友』を読んだように、八〇年代の若い主婦が『オレンジページ』を手にとったように、そのころの彼女たちと同じ年ごろかもう少し若い女子たちが、二〇〇〇年代には、『作ってあげたい彼ごはん』を買うのである。

初心者向け『きょうの料理』

仕事や進学で若者がふるさとを離れ、一人暮らしをすることが珍しくなくなった現代、一人分の料理をつくりたい、という人はふえている。何も知らないところから、台所に立つ不安は男女に関係がない。晩婚化も進んでいる。一人暮らしが長くなり、外食やコンビニ弁当は飽きた、あるいは健康のためにつくらないといけない、という人もいるだろう。さまざまな理由で台所に立つ男性を応援するメディアもふえた。

初心者、ということをターゲットに置いたのは、NHKである。『作ってあげたい彼ごはん』より半年早い二〇〇七年四月、『きょうの料理』の放送に五分プラスする形で、おばあちゃんキャラが解説する簡単な料理を紹介し始めた。同時に、テレビよりくわしい解説を行いレシピもたくさんのせたテキストの『きょうの料理ビギナーズ』を創刊した。

創刊号の特集は春野菜。「まずは、『今が旬』の野菜を知ろう」と題して、春キャベツ、新じゃがいも、絹さや、グリンピース、スナップエンドウ、グリーンアスパラガス、新たまねぎを紹介し、レシピ、野菜の選び方を紹介する。

切り方も伝える。写真つきで、せん切り、細切り、ざく切り、くし形切り、拍子木切り、みじん切りなどを教え、ゆで方や使い切りレシピも紹介する。

解説の合い間に、簡単な料理を紹介する。「春キャベツのみそあえ」、「アスパラガスのオイスターソース炒め」、「オニオンスライスのおかかサラダ」、「キャベツとソーセージのレンジ蒸し」、「ゆでじゃがのバターじょうゆあえ」など、単品を調理するシンプルなレシピで、旬のおいしさを味わってもらう。

『きょうの料理』は長い間、研究熱心な主婦によって支えられてきた。基礎も教えるが、フランス料理や日本料理の重鎮が高度な技を伝えるなど、手の込んだ応用編も多い。幅広い層を視野に入れた教科書のような番組が、大胆にハードルを下げた。しかもターゲットは初心者のシングルである。家族そろっての食事を前提にしてきた番組が、一人でも健康に生きていく技術としての料理を伝え始めたのである。

それは朝食抜き、野菜不足といったデータに表れる若い世代の偏った食生活を改善したい、というNHKの意志である。初歩的な技術が身についていない人々が、無視できないほど多くなった時代を反映して、基礎から料理の楽しさを伝える。

城川朝が連載する「冷凍できる晩ごはん」という特集で、それがはっきりわかる。リードを読んでみよう。

「豪華なおかずでなくてもいい。品数豊富でなくてもいい。コンビニのお総菜やインスタント食品に頼らず、自分でつくった『おうちの味』には、疲れた体もホッとするもの。忙しいあなたのヘルシー夜食ライフを冷凍できる晩ごはんが応援します！」（二〇〇八年二月号）

紹介するのは、ひじきの煮もの、切り干し大根の煮もの、ハンバーグ、チャーハンなどの定番料理。冷凍ご飯に焼き鮭や明太子、しらすなどをかける提案もある。台所道具が少ない生活を想定した特集もいち早く行っている。二〇〇八年三月号の「手軽で便利　フライパンで春の和食」のリードには、こんなふうに書いてある。

「数ある調理器具の中で、誰もが最初にそろえるのがフライパン。炒める、焼くに大活躍するのはもちろん、実は煮たりゆでたりもお手のものだから、和食をつくるのにもぴったりなんです」

紹介するレシピはフライパンでできる意外性を狙った定番の和食が中心。「きんめだいとごぼうの煮つけ」、「牛肉のしぐれ煮」、「水菜とエリンギのサッと煮」、「鶏スペアリブの竜田揚げ」、「揚げ豆腐のしょうがじょうゆ」、「さわらの照り焼き」、「豚肉のしょうが焼き」、「アスパラガスとうどのおひたし」、「菜の花のからしごまあえ」など。おばあちゃんを連想させるラインナップが、果たして若者に好まれるかどうかはわからない。それよりも、NHKが家庭で料理が伝承されないことを前提にし始めたことのほうが、事態の切実さを表している。メディアが伝えなければ、日本人が何世代にもわたって食べ慣れてきた和食に縁がないまま年を重ねる人もいるかもしれない時代になったのである。

ケンタロウがつくる男子のご飯

二〇〇八（平成二十）年、民放では男子向けの料理番組が始まった。日曜日の午前十一時二十五分から始まる三十分番組、『太一×ケンタロウ　男子ごはん』（テレビ東京系）だ。国分太一がアシスタント役で、人気料理研究家のケンタロウが料理を教える（ケンタロウの怪我により、二〇一二年八月から、栗原はるみの息子、栗原心平に交替）。

自然光が射し込む明るいキッチンで、太一が合いの手を入れ、不器用な手つきで手伝う。楽しそうにケンタロウが料理する。できあがった料理は、東京湾に面した広いテラスでいただく。二人の楽しそうなこと、おいしそうなこと。たちまち人気番組になり、二〇〇九年に一冊目が出た『太一×ケンタロウ　男子ごはんの本』（発行／M.Co.　発売／角川グループパブリッシング）は、ベストセラーになって毎年刊行する人気レシピ本となった。

ケンタロウは、八〇年代に一世を風靡した小林カツ代の息子である。一九七二（昭和四十七）年生まれ。武蔵野美術大学時代はイラストレーターとして名を馳せたが、やがて子どものころからなじんだ料理の道に入り、二〇〇〇年代にもっとも勢いのある料理研究家の一人となった。

国分太一はケンタロウより二つ下のアイドル。スポーツ番組の司会もするし、バラエティ番組への出演も多い。所属するＴＯＫＩＯのメンバーで自給自足の田舎暮らしを体験する長期ドキュメントバラエティ『ザ！鉄腕！ＤＡＳＨ!!』（日本テレビ系）は、料理をはじめさまざまな手づくりに挑戦する人気番組である。『太一×ケンタロウ　男子ごはん』で国分太一は、企画から参加している。

二人の共通点は番組開始当初三十代の働き盛りの男性ということ。実はそれが最大の強みだ。人がメディアの中の人物に共感するのは、自分との共通点を発見するからだ。『花のズボラ飯』では、料理するのがめんどうだと思う主婦が、ＳＨＩＯＲＩのレシピ本では若い女性が、自分を重ねて台所に立つきっかけをつくる。『太一×ケンタロウ　男子ごはん』は、男性でもつくって食べるのは楽しい、というメッセージを発信している。

自然光を取り入れたナチュラルな雰囲気の撮影は、誰かの家をのぞいているようにも、二人に招かれているようにも感じられる居心地のよさがある。料理を手順通りに紹介するだけでなく、雑談もするし、うっかりケンタロウが失敗するといったアクシデントも発生する。教えを乞う、というより仲間感覚で料理を楽しめる。型にとらわれずに料理したくなることを意図した番組から、おしゃべりの一部を引用してみよう。二〇〇八年八月三日放送の、宮崎名物冷や汁を紹介する回。

「ケ『（煮出したかつお節を鍋から取り出し）これ、料亭とかでやると、ぶっ飛ばされると思うんですけど、これ、絞ります。（と、取り出したかつお節から汁を絞るケンタロウ）』

太『あ、大事ですよね？でもこれね？』

ケ『だって、ここに相当入ってるワケですよ、濃い～のが。エグみが出るとか色んなこと言われるんですけど』

ベストセラーになった『太一×ケンタロウ　男子ごはんの本』の第一巻

太『料亭で働いている人が見ていたら、「ケンタロウ、コノヤロウ!!」っていう…』

ケ『そうですね。「許せねぇ!!」みたいな…』

太『「邪道じゃあ!!」っていう…』

ケ『「あいつ、何にも知らねぇんだな！」っていう…（急にガラが悪くなり）あぁ！何にも知らねぇよ！みたいな』

太『（爆笑）!!何にも言ってない（笑）！誰も何にも言ってないですよ（笑）！』

この会話は、男性の世界でも、あるべき料理道という上の世代からのプレッシャーが強いことを匂わせる。番組が新鮮に受け入れられたのは、あまりにも長い間、料理＝教科書的という図式が続いてきたからである。正しすぎるから、自信がない若い世代は料理から遠ざかる。旧制打破が可能になったのは、ケンタロウが男性だからである。女性はよき嫁候補でなければならない、というプレッシャーは今も強い。

料理を教える世界にテレビ東京が風穴を開けられた理由はもう一つあって、それは『料理の鉄人』（フジテレビ系）から始まる、エンターテインメント系料理番組という蓄積があったからだ。

伏線の代表格は、『愛のエプロン』（テレビ朝日系）だろう。一九九九（平成十一）年〜二〇〇八（平成二十）年に放送。司会はＴＯＫＩＯの城島茂である。『料理の鉄人』の演出を手がけた田中経一が関わった番組で、ピンクのエプロンをつけた女性タレントが、料理名だけ告げられて、たくさんの食材や調味料の中から、これというものを選んで四十五分以内で調理する。それを服部幸應などのジャッジマンが評する。レシピはないため料理経験が試される。有名歌手といえども容赦しないで批評する。

深夜番組からスタートした当初は、女性タレントが、いかに料理の経験がないかさらけ出す、独創的すぎる料理を受けつけられない人が続出する、といった毒のある場面が見せ場だった。女性＝愛情＝料理上手という社会通念を、ピンクのエプロンで皮肉った。しかし、途中から技術を学び始めた青木さやか、インリンなどが腕を上げ、男性も参戦するようになって、技を競い合う構成になって役割を終えた。

その番組と入れ替わるように始まったのが、『太一×ケンタロウ　男子ごはん』である。

番組が紹介する「男子」の料理は、昭和の後半に流行った「男の料理」とは違う。時間やお金をかけた豪華さはないが、毎日食べ続けられそうな料理をそろえている。つくった後は、二人がランチとして食べる。バランスのとれた献立紹介になっているところがポイントだ。そして、通常のレシピにのらないちょっとした料理のコツは「KENTARO'S POINT」として紹介される。初心者を想定したキメ細かさは、『作ってあげたい彼ごはん』とよく似ている。例えば、二〇〇八年六月二十二日に放送された「タコのトマト煮　ガーリックポテト」のときは、こんな風だ。

タコのトマト煮の「KENTARO'S POINT」

「にんにくは、包丁でスライスせずに木べらでつぶして。

太：『つぶす意味ってなんですか？』

ケ：『にんにくの断面がギザギザになるので、より風味を味わえます。さらに、形が残るので具として味わうこともできます』」

ガーリックポテトの「KENTARO'S POINT」
「太：『どうして皮をむかないんですか？』
ケ：『皮付きの旨味っていうのもあって。土っぽさというか、より濃い味になります』」
理屈を重視する男性が納得する根拠を、男性目線で次々と紹介する。何よりつくってみたい気にさせる、おいしそうなキャッチが食欲をそそる。番組で紹介された献立をキャッチとともに並べてみよう。

「この季節に食べたい魚といえば、やっぱり初がつお！　豪快なたたきを、イタリアン、そして中華の味わいで」

「初がつおのパスタ」、「中華風　かつおのたたき」

「卵がギッシリ詰まったカレイを、ジューシーな煮つけに！　スピーディに作れる〝一汁三菜〟の和の献立」

「カレイの煮つけ定食」、「カレイの煮つけ／カブのたらこ和え／カブの葉のしらす和え／豆腐と海苔のみそ汁」

「ジューシーな肉汁がたっぷりあふれ出す！　絶対に失敗しない・小林家秘伝の王道ハンバーグ」

「ハンバーグ」、「枝豆の冷製スープ」


食べたいからつくってみよう、おいしく食べようという意欲が伝わってくる。つくりたい、食べたいと思うことも、料理をつくる大事な動機である。

それにしても、食べさせなければならない、という義務感から解放された料理は、何と楽しくクリエイティブなのだろう。つくったものを食べられる、というお楽しみもあるではないか。しかも、料理研究家の提案は、知らぬ間に学んだ読者をヘルシーな食生活へと導いてくれる。

マンガ『きのう何食べた？』のレシピ

マンガの世界でも男子の食卓を紹介する作品がある。『モーニング』（講談社）で、二〇〇七年から連載されている『きのう何食べた？』である。一九七一（昭和四十六）年生まれの著者、よしながふみは、ゲイをよく作中に登場させる。テレビドラマ化されて話題となった『西洋骨董洋菓子店』（新書館）も、天才的な技を披露するパティシエはゲイである。

『きのう何食べた？』は、四十代のゲイカップルが主人公だ。神経が細かくてマメな一方、ナルシストの側面もあるハンサムな弁護士、筧史朗。真面目なサラリーマン人生を送った父と、専業主婦の母は、カミングアウトした一人息子を受け入れようと必死だが、その際年配の常識人である母親が見せる痛々しさが、史朗にはつらい。昭和後半生まれが描いてきた親子の確執がここでも登場するが、緊張感あふれる親子の関係はコミカルに描かれており、今どき確執なんて珍しくない、と言われているようだ。確執の告白に、勇気を振り絞る必要があった次の時代の到来を予感させる。

史朗と暮らす恋人の美容師、矢吹賢二は、暴力を振るう父がたまに帰ってくるという母子家庭で育った。普遍的な不幸を体験した賢二は、実家との交流がほぼない。彼らを通して、二〇〇〇年代以降の等身大の中年生活が描かれる。ゲイという特殊に見られがちな存在の彼らは、男性でもあり、女性でもある。夫婦のようだが、子どもはいない。独身でもある。共通項を持つ人は多い。

ふだん料理をつくるのは、史朗だ。仕事を定時で切り上げる規則正しい生活を心が

つくる姿も板についた男子のごはんの世界。『きのう何食べた？』より

け、安い食材を見つけ出す買いものを楽しむ性格は、『天才柳沢教授の生活』の教授を彷彿とさせる。子どもをアテにできない老後を心配して、せっせと貯金し節約生活に励んでいるので、収入は多いはずなのに庶民的である。

史朗がつくれないときに料理する賢二は、将来の生活や健康より食べたいもの、食べさせたいものを優先させる。手際が悪いところがおちゃめだが、少し史朗をいらつかせる。カロリーの高いものが好きで、ハーゲンダッツのアイスクリームを小遣いで買ったりする。

二人が共同生活を営む中で、夕食をつくって食べるシーンがストーリーの半分を占める。マンガ化されたレシピとしても、日常を描くささやかなドラマとしても読める。ラブシーンはないので、中年夫婦の家庭生活をのぞきこむ感覚でも読める。何しろ史朗は、友人に「オネエは入ってないがオバチャンが入ってるんだよ」と評される油っけのない男だ。

史朗はマメである。献立は一汁三菜で、どちらかといえば和食が得意だ。メタボを心配してカロリーを抑え、野菜中心に料理する。レパートリーは豊富だが、だしはとらないでめんつゆを多用する。そういう食事が完全にヘルシーではないことを自覚しており、素材にこだわるゲイカップルを招待して料理をつくらなければならなくなった日は、悩む。

「どーする　調味料までオーガニックにした奴にめんつゆとか顆粒だしを使った料理なんてなあ…」と彼らに出す献立を悩み続けた結果、「こんな事で動じるな俺!!　いつもどおりめんつゆとか顆粒だしとか使っちゃうぞ俺は　使っちゃうぞ!!」と腹を決める。

このシーンには、安全性にこだわり過ぎる食生活への批判が込められている。しかし、和食の基本技術だったはずのだしすらも、オーガニックと同じ部類に入れられている。毎日何品もつくるマメな人間といえども、だしをとらない時代なのだ。

この夜、史朗が用意した料理は、「なすとパプリカのいため煮」、「鮭と卵ときゅうりのおすし」、「ブロッコリーと梅わさマヨネーズ」、「かぶの海老しいたけあんかけ」、前日につくった「筑前煮」である。手が込んでいるが、やはりめんつゆと白だしを使っている。

別の日の献立は「かやくごはん」、「肉どうふ」、「キャベツとあさりとベーコンの蒸し煮」、「にらともやしのごまびたし」、「なめこと三つ葉のみそ汁」。「鶏肉とアスパラの中華風塩いため」、「大豆入りひじき煮」、「新たまねぎのおかかじゃこ合え」、「じゃがいもとわかめのみそ汁」という日もある。大豆は蒸し煮の缶詰である。きちんとした和食が多いが、洋風献立の日もある。「豆入りミネストローネ」、「明太子スパゲッティ」、「にんじんとセロリとじゃこのサラダ」。

日替わりで品数が多い。史朗は料理上手な主婦なのである。しかし、主婦を主役に据えると当たり前すぎる。もちろん男性誌ということはあるが、料理が得意でないことを自覚している読者に、料理上手な主婦、という存在は煙たい。距離が遠い。しかし、「オバチャンが入ってる」ゲイなら、新鮮でかつ読者が共感できる。

この設定から、昭和後半に生まれたよしながもまた、主婦イコール料理上手な女性、という図式に辟易としてきたことがうかがえる。史朗の料理に対する姿勢で強調されるのは、平凡さである。だしを取らない。食材選びの基準が安さにある。しかし、女性でなくても主婦でなくても、大人は料理して当たり前、とよしながは読者に呼びかける。

そして、史朗がマメマメしいのは、賢二というパートナーがいるからでもある。賢二が勤め先の店長と食事をするため一人の食卓になった日、夕食を「ナポリタン」と「残りものの切り干し大根の煮付け」で簡単に済ませ、ぼんやり考える史朗。

「そういえば一人の時はけっこうこんなもんだったなあ 夕飯なんて パスタにせいぜいブロッコリゆでたのとか。カレーにやっぱりブロッコリゆでたのとか。ケンジと暮らしてるから俺も毎日ちまちまおかず作ってんのか あーそう考えるとケンジの存在ってつくづく健康に良いぜ しかもあいつ好き嫌い無いし」

夫婦がいろいろあっても、ともに暮らし続けるのは、必ずしも愛情からだけではない。淡々と日常を描いているように見えた物語は、やがて暮らすとは何か、面倒なことが多い共同生活を営む中で、何がもたらされるかにまで目が届くようになる。

意見が対立して気まずくなった翌朝、賢二は史朗にたまねぎを炒めずにつくるハンバーグをリクエストする。

「この玉ねぎいっぱいでシャキシャキしてるぐらいのやつが大好きなんだよね　お店じゃなかなか食べらんないし」と喜ぶ賢二を見て、史朗は「…子供みたいに喜んじゃってさ　そうだよ　こういう仲直りの仕方　最初に俺に教えてくれたのはこいつだったんだ」と感慨にふける。

何しろ、戸籍も入っていないゲイカップルの共同生活は危うい。子どもというかすがいもない。決定的なケンカをしてしまったり、疎遠になっていけば、簡単に壊れる暮らしであることを二人は認識している。

いつでも別れられる二人をつなぐのが、自分たちの健康と好みを考えて調える食卓である。店では出せない食感、味、素材の組み合わせ。そういう楽しみが家庭の食卓にはある。そしておいしさを分かち合える相手がいる。ともに食卓を囲む日々をくり返すうちに、絆が深くなっていく。それは、子どもの存在が必ずしも夫婦を続ける理由にならなくなった、現代の異性カップルにも共通しているのではないだろうか。

（3）スローライフの発見

食品偽装の時代

二〇〇〇年以降、食が持つ意味について考えさせられる機会が多くなった。一つは、安全性に関わる問題である。二〇〇〇（平成十二）年、雪印乳業の大阪工場で低脂肪乳を原因とする食中毒事件が起こった。乳業メーカー最大手で起こった事件は、食の生産現場に問題があるのではないか、という疑惑を生む。しかし、それは食騒動の時代のほんの皮切りに過ぎなかった。

翌年には、国内で最初のBSE（牛海綿状脳症）感染牛が発見される。この病気は、草食動物の牛の餌に肉骨粉を混ぜることが原因で起こる。生産性向上という掛け声のもと、牛に共喰いをさせていたことが明らかになったのだ。二〇〇二（平成十四）年には、中国産冷凍ほうれん草や枝豆から基準を上回る残留農薬が検出された。中国からの野菜輸入量は、九〇年代半ばごろから拡大していたことが騒動の背景にある。

二〇〇〇年代後半になると、生産工程に疑問を抱かせる問題が次々と発生する。中でも大問題になったのが、二〇〇七（平成十九）年に、食品加工会社のミートホープ社が長年ミンチ肉の表示を偽装して販売していたことだった。同社はその年のうちに自己破産に追い込まれている。

翌年には、中国製冷凍ギョーザが原因の食中毒事件が発生。半年以上もの間、スーパーで値引きの目玉商品だった冷凍食品が売れないという事態を引き起こした。何しろ人気の冷凍食品の多くが、中国の工場でつくられている。安さを求めて、メーカーは人件費が安い海外で加工食品を生産するようになっていた。

ギョーザは台所でひと手間かければつくれる。あるいは、気軽に外へ食べに行ける。とはいえ、例えば育ち盛りの子どもがいる家庭では、安くて手軽につくれる冷凍食品のほうが、家計も助かるし食卓に一品ふやせる。そんな誘惑に弱い私たち消費者の安易さが問われる事件だった。犯人と称する男性が中国で逮捕されたが、真相はわかっていない。

同じ年、工業用として輸入していた米に、工業樹脂のメラミンが混入していたことが判明した。事件は、日本が米の輸入国になっていたことや、さまざまな食品に輸入米が使われていた実態を明らかにした。ルートが複雑過ぎるこの事件の真相もわかっていない。

世界中で食べものが取引されるグローバル社会で、食べるものがどんな風につくられ、中には何が入っているのか、徹底的に管理することは不可能に近い。顔が見えない取引には、相手を軽くみる危険がついてまわる。売られている食品が安全だと信じる根拠は、どこにあったのか。企業への信頼が根底から揺るがされる事件が相次いだ。そして二〇一一（平成二十三）年、東日本大震災という巨大な自然災害と、それに伴って起きた原発事故という人災に直面した私たちは、文字通り暮らしの基盤そのものが揺るがされた。代替エネルギーをふやし脱原発を目指すことも必要だが、それ以前に電気を使い過ぎる暮らし方を問い直す時期が訪れている。

冷凍食品などの人気の加工食品には、高度成長期に広まって定着した、手間のかかる料理が多い。つくるのが面倒な料理を毎日食べる必要が本当にあるのだろうか。

便利さを維持する安い労働力の代わりに失っている豊かさは、確実にある。誰かの、もしかすると自分の犠牲のうえに成り立っている、便利で効率的すぎる生活を脱皮しないと、社会を維持することが難しい時代が来ている。

食騒動は人々の記憶から遠のき、震災もやがて忘れられるだろう。どんな大事件も、日々の忙しさや新しい事件に紛れていく。しかし、さまざまな事件は人々の意識を確実に変えてきた。意識が変わったことを前提に社会も動き始めている。

国と企業の動きで、目に見えるものといえば、食品の表示が細かくなり肉や魚の生産地が必ずパッケージに示されるようになったことだろう。生産者が名前を明らかにすることが売りの野菜もある。生産地から店までの履歴を情報公開する食のトレーサビリティは、ＢＳＥ事件がきっかけで始まったものである。

スローフードブーム

消費者の問題意識を高める背景にあったのは、スローフードブームである。火つけ役は二〇〇〇年にベストセラーとなったノンフィクション『スローフードな人生！』（島村菜津・新潮社）である。前年に創刊されたエコロジーをテーマにした月刊誌『ソトコト』（木楽舎）がこの本と著者をバックアップし、スローフード特集をくり返し組んだ。スローフードを売りにした飲食店が軒を連ね、時間に追われる現代人の生活を見直すことが流行になった。

『スローフードな人生！』の主旨は、一九八六年に設立されたイタリアのスローフード協会の活動ルポを通じて、つくるのに時間と手間はかかるがおいしく安全な、伝統的な食材や郷土の食文化を守ろうとする潮流を日本にも伝えることである。

ファストフードに象徴される、工業生産で均質化された食は世界各地に広まっている。家族や仲間と食べる時間を楽しむのではなく、カロリー補給さえできればいい、という孤食も広まっている。産業社会に振り回されて人生を貧しくしている現代人の生活を、食を通して見つめ直そうというのが、活動の主旨である。

スローフード協会は、産業化で失われつつある地域の食文化を次世代に残すために、さまざまな活動を行い伝統食文化を守る人たちを支援する。たとえば、化学肥料を使わず、生産方法を改良して品質向上に取り組むワイン醸造家。絶品のやぎのチーズをつくるのは、社会からはみ出した若者たちで、指導者は神父だ。農家に泊まり、採れたての食材を食べるアグリツーリズム。味覚の教室を開く小学校。活動が抱えている問題点も取り上げる。

イタリアにおけるさまざまな取り組みを取材した島村は、あとがきでこう書く。

「スローフードとは、口から入れる食べ物を通じて、自分と世界との関係をゆっくりと問い直すことにほかならない。自分と友、自分と家族、自分と社会、自分と自然、自分と地球全体の関係を、である。そうするうちに、私たちは、迷宮を飛びこえ、新たな世界を見いだすことができるかもしれない」

スローフードの概念を広めたベストセラー『スローフードな人生！』

スローフードを掲げたブーム自体は二〜三年ほどで静まったが、この流行は、安全な食品を選びたい、ゆったりした暮らしをしたい、という人々の心に潜在的に眠っていた欲望を形にし、具体的な行動を起こすきっかけになった。

二〇〇〇年代、メディアは国内の伝統的な食材を守る人々に盛んに脚光を当てるようになった。日本酒、みそ、ごま油や酢といった調味料を伝統的な製法でつくり続ける製造元。京野菜、加賀野菜のほかにもある各地の伝統野菜を掘り起こし復活させ、広める人々。

安全性やオーガニックを売りにした製品を気軽に買えるようになったことも、大きな変化だろう。二〇〇〇（平成十二）年に有機食品に対する国の基準が定まったこともあって、無農薬野菜や有機野菜がスーパーでも売られるようになった。しょう油や酢、油などの調味料も、大手メーカーの定番商品と一緒に、有機食材を使っていることや無添加、伝統製法であることを売りにした商品が並ぶ。

二〇一二（平成二十四）年には、産地や製造者と直接契約して食品を集めるローカルスーパーの躍進が注目を集めた。五〇年代の誕生以来過当競争にさらされてきた業界には、今も地元密着のローカルスーパーがたくさんある。その中には、価格競争では適わない大手に対抗するため、よりよい製品を集めて再生し業績を伸ばす企業がある。それは、食に関心が高い消費者が少なくない、という証拠である。

ゆっくりくつろげるカフェのブームも、スローライフへの憧れが背景にある。カフェは二〇〇〇年代後半には、オーガニックの食材が看板の店が目立つようになった。不況が背景にあると言われる散歩ブームも、足元の生活を見直したいという願望の表れでもある。目的地まで車で走るより、歩くという行為そのものを楽しむ。スローライフの実践である。散歩をキーワードにした雑誌や書籍、ムックなどが売れ、『ちい散歩』（テレビ朝日系・二〇〇六年～一二年）などの散歩番組が人気を呼んでいる。

二〇〇〇年代半ばごろから流行りだしたマクロビオティックも、スローフード的な食生活法である。玄米菜食を中心に、オーガニックや精製していない食材を選んで食べる。マンガがオーガニックにこだわる人を揶揄するのは、ハマる人が続出しているからだ。流行はやがて広まって落ちつき定着するだろう。

都会の消費者が産地を訪ねるアグリツーリズム、農家レストランも流行っている。昭和の時代、人々の身近にあり当たり前に甘えてきた故郷の田舎は、世代が交代し縁遠くなった。かわりに、他人同士の互いを尊重し合う新しい関係が育ち始めている。

代表的な存在が、東日本大震災をきっかけに二〇一三年に創刊された「東北食べる通信」である。食材をメインにした雑誌「食べる通信」がまたたくまに全国に生まれたのは、生産者により近づいて関係を築きたい、というところまで消費者が成熟したことを示している。

連続ドラマ『すいか』の問い

二〇〇三（平成十五）年七月から九月にかけて、都会の真ん中でスローライフを楽しむ人々を描いたドラマが放送された。小林聡美主演の『すいか』（日本テレビ系）である。脚本家の木皿泉が向田邦子賞を受賞するなど、数々の賞も受賞した話題の作品だ。

ドラマは、路面電車が走る東京・三軒茶屋にある賄いつき下宿、ハピネス三茶に暮らす人々の間でくり広げられる。スローライフの実践というと、積極的な活動家と思うかもしれないが、彼らはエコの活動家でもお金持ちでもない。むしろ、はみ出し者である。社会のスピードについていけず、避難場所のように下宿に集う不器用な人々の暮らしが、はからずもスローライフと一致している。

古い木造の下宿は、大きな畑の奥にある。敷地の前の道路は土で、木立があり小川が流れる散歩道になっている。都会のオアシスのような下宿の食堂で、住人は朝晩食卓を囲み、おしゃべりする。ファンタジックな装いの小さな事件が、毎回起こる。大人になりきれない人々が互いの距離を少しずつ縮め、殻を破っていく成長物語である。

小林聡美演じる早川基子は、信用金庫に勤める三十四歳。過保護な専業主婦の母親と大げんかした末、自立しようとハピネス三茶で暮らし始める。ここでも主役は母と確執を抱えている。

初めて自分の判断で行動した基子と、少しずつ親しくなるのが、二十七歳のマンガ家、亀山絆（ともさかりえ）である。絆は双子の姉を四年前に亡くした悲しみから立ち直れずにいる。大金持ちだが心を通わせられない父親の元を出て、ハピネス三茶へやってきた。エロマンガ家だが、仕事が少なく家賃を滞納することも多い。自分を曲げられず、人に対する警戒心が強い。

このほか、放浪癖のある父親から下宿の管理を任せられた学生の芝本ゆか（市川実日子）、「女学生」のときから住んでいる大学教授の崎谷夏子（浅丘ルリ子）、夏子の教え子で、憩いを求めて入り浸る出版社勤務の間々田伝（高橋克実）、伝の娘の元カレで絆に片思いする就職浪人中の野口響一（金子貴俊）、基子が小学生であるかのように接する母、梅子（白石加代子）らが脇を固める。基子には、ときどき連絡をくれる元同僚の親友、馬場万里子（小泉今日子）がいる。ＯＬ生活に煮詰まった万里子は、会社のお金を三億円も横領して逃亡中である。

ラテンのノリの音楽、都会の真ん中で畑に囲まれたハピネス三茶という舞台が、不器用で生きにくそうな人々ばかりが登場する浮世離れした物語を、夏休みの冒険のような楽しい雰囲気で包む。夏休みは、終わる予感を最初からたたえている。社会批判を含みつつ細かい伏線をいくつも張った脚本がよくできている。

回を追うごとに、食卓に関わる場面の役割が大きくなって、関係の深まりを象徴する。大家のゆかはまかない係も兼ねており、おいしそうな料理をつくる。カレー、そうめん、ギョーザ、焼き夏野菜、キャロットスープ、枝豆のコロッケ……。

ある日、才能もないのに結婚していない女はダメだ、という話を聞いた梅子が娘を説教しにくる。「ここの人たちは普通じゃない。才能があるんです」と言い、「あんたとは違う」と決めつける。基子は「私だってやりたいことがある」と反論するがその実、本当は何をやりたいかわかっていない。職場で若くない自分が浮いていることも自覚している。

母親が帰った後、むしゃくしゃする気分を変えようと下宿人たちを訪ねるが、皆忙しくて基子の相手をするヒマがない。仕方ないので、台所で作業中のゆかの元へやって来る。新メニュー開発中のゆかは、基子が来ると喜ぶ。

「ちょうどよかった。鍋にびっくり水入れてください」

言われた基子は、あちこちのぞいて「びっくり水」なるものを探す。鍋の中身が沸騰してあふれそうになる。あわててやりかけの作業を止め、コップに水を入れて鍋に注ぐゆか。

「あー、すいません。びっくり水、見当たらなくて」と謝る基子。

「何言ってるんですかー。ふつうに水入れればいいんですよ。びっくりしてお湯の温度が下がるから」

「あ、それでびっくり水？」

「いやー、今どきの人は料理の本にびっくり水って書いたら、スーパーにびっくり水買いに行っちゃうって聞いたことあるけど、ほんとにいるんですね、そういう人。初めて見ました」

「あーどうも初めまして」

「いえ、こちらこそどうも」と頭を下げ合う二人。

ゆかが小学生のときから料理していると知って、基子は「それも才能のうちですよね」とほめる。このエピソードからも、基子が今まで家事をほとんどしたことがないことが伝わる。

娘が何もできないことを知っていて、梅子は下宿することに反対していた。これまで何もさせてこなかったのは、梅子なのだが。基子はそういう自分を変えたくて、家を出た。母と娘の意見が食い違ったまま平行線が続く。

ところがドラマの後半、梅子は初期の胃がんが発見されて入院し、たくさんの友だちができて人生観が変わる。「あんたの言うとおりよ。ずっと一緒なんて無理な話よ。あーあ、親なんてつまんないわよね」と言って、ハピネス三茶の人々へのおみやげを基子に託す。開けてみるとそれは紅白まんじゅうで、「独立記念日」と書かれていた。

ドラマの終盤、逃亡生活に疲れた万里子が基子に会いにやってくる。たまたま全員が下宿に不在で、近所のバー泥舟のママ（もたいまさこ）が、留守番を頼まれて掃除機をかけていた。万里子は台所のテーブルに片づけられた食器を見つける。小皿に載った梅干しの種。空の小鉢、少しだけ残った卵焼き、みそ汁椀、ご飯茶碗。基子の部屋に手紙を残して帰る万里子。

その話を翌日聞き、手紙を発見する基子。あわてて指定された公園へ走っていく。昔みたいに会社の人の噂話をして笑い転げた後、土手に座って打ち明け話を始める万里子。

「早川の下宿行ったときさあ、梅干しの種見て泣けた」

「梅干しの種？」

「朝ごはん食べた後の食器にさあ、梅干しの種がそれぞれ残ってて。なんかそれが愛らしいっつうか慎ましいっていうか、なんか生活するってこういうことなんだな、と思うと泣けてきた」

「そんな大げさだよ」

「全然大げさじゃないよ。掃除機の音もすごい久しぶりだった。お茶碗とお皿が触れ合う音とか、庭に水撒いたり、台所に行って何かこしらえたり、それをみんなで食べたりさ。なんかそういうものみんな、あたしにはないんだよね。そんな大事なもの、たったの三億円で手放しちゃったんだよね」

万里子は、頭の回転が速く要領がよかった。しかし、職場では女性というだけで何もさせてもらえなかったのだ。典型的な日本のＯＬが抱える不満を、万里子は爆発させてしまう。会社から盗んだ三億円は、飛行機に生まれて初めて乗ったり、ブランド品を買いあさることに使っていた。後先を考えず行動して失ったものの大きさを、噛み締めているのである。

親や会社に流されてきた基子は、意志が強い万里子をうらやましいと思ってきた。逃亡生活にすらどこか憧れていた。しかし、万里子の弱音を聞いた今、みんなで笑ったり相談したり泣いたりするハピネス三茶での、かけがえのない日々の豊かさを改めて発見する。下宿生活を通して、基子は知らず知らずのうちに自分の意志で物事を決め実行する習慣を身につけていた。

万里子は一緒に逃げようと誘う。しかし、基子はゆかから託された買いものメモを持っている。暮らしへの責任という縛りを得た基子は、「これ買って帰んないと、明日の朝みんなコーヒー飲めないんだよね」とつぶやいて断る。万里子は、冗談と言ってごまかす。

寂しそうな万里子を見て、基子はメモを書き「今度うち来るとき買ってきて。それで鍋しよう」と言いながら渡す。その姿はまるでベテラン主婦の梅子のように貫禄がある。小さな少女のようにメモを受け取る万里子。その内容は「白菜、しいたけ、しらたき、春菊、豆腐、エノキ」。生活感にあふれた約束を頼りに、去っていく万里子。ほかの登場人物たちも、さまざまな出来事を通して、少し成長している。絆は、前ほど人と深く関わることを恐れなくなっている。片思いを諦めた響一は、北海道に就職を決めて去っていく。教授も、数十年の下宿生活に別れを告げる。

人を成長させる生活は、血がつながった家族という守られた環境を離れたところから始まっている。ハピネス三茶は他人との共同生活を行う下宿である。（2）で紹介したマンガ『きのう何食べた？』も、血がつながっていない男性二人の共同生活を描く。親しい仲にも距離があり、互いを尊重し合う共同生活の真ん中に食卓がある。いつ関係が壊れるかわからない他人と、互いを尊重しつつ寄り添う道を探る中で、人は成長する。

それは、つい最近まで多くの大人たちが口をすっぱくして若者にすすめていた結婚と同じである。年長者が結婚や育児を若者にすすめるのは、家族という一番身近な他者と深く関わる中で人が成長することを実感しているからである。ともに暮らす中で、絆が深くなることを知っているからである。その絆は、人生の試練に直面したときに威力を発揮する。

もちろん、そのように寄り添い合えない家族もいる。甘えて近づき過ぎたり、遠ざかり過ぎたり、距離をとれなくなって関係が壊れる夫婦も親子もいる。さまざまな事情があってシングルの人もいる。

家族をつくり維持することが難しくなった時代に、共感を集めたのがファンタジックな共同生活だった。家族、という関係にうさん臭さや重たさを感じるようになった私たちは、いったんそこから離れないと、人との関係や暮らしを見つめ直すことができなかった。

もしかすると、私たちは、血がつながった家族に甘え過ぎてきたのではないか。思うようにいかない生活の中で、仕事も家事も、やりたくない義務になってしまっていたのではないか。実は、そういう面倒だが日々こなさなければならないことの中にこそ、生活の実質はある。

スローライフは、戦後ずっと目標に向かって生きてきた私たちに、何かを達成することや夢を叶えることが人生ではない、ということを教えている。ずっと続く幸せなどありえない。家電製品をそろえ、立派な家を建てたら豊かさが完成するわけではない。家も財産もあの世には持って行けない。個人の人生は通過点でしかなく、子どもがいるいないにかかわらず、私たちは次の世代へとこの世界を引き継ぐ時期が来る。

もちろん、生きる過程で、何かを発見したり達成したり夢を叶える機会はあるだろう。大切なものを失う日もあるだろう。うれしかった日も、悲しかった日も、人生の途中である。それよりも大切なのは、くり返す日々そのものである。ご飯がおいしかったとか、誰かと笑い合ったとか、そういう一瞬の中に幸せはある。

昔と今をつなぐ台所

二〇〇三年、スローライフをテーマに掲げた女性向けライフスタイル誌が、二誌創刊された。『クウネル』(マガジンハウス)、『天然生活』(地球丸)である。料理やインテリア、手芸などの手づくり生活の楽しさや、伝統的な生活を守る人などを紹介する。自然光が射し込む整えられた部屋や、食卓にきちんと並べられた食事の写真は出てくるが、人物のポートレートは少ない。『クウネル』のキャッチフレーズは「ストーリーのあるモノと暮らし」。読者が、その空間にいる自分を想像し主役を演じることができるつくりになっている。

『クウネル』の特集から生まれたビジュアル本に『ずらり　料理上手の台所』（お勝手探検隊編・マガジンハウス）がある。第二弾も出た人気の本の中には、料理研究家やスタイリストなどの台所が登場する。やはり本人はほとんど写真に写らない。

インテリア雑誌のグラビアや広告には出てこないような、使い込まれた台所と道具の写真がいくつも登場する。おしゃれなシステムキッチンより、昭和の後半にできたような立ち流し式キッチンが多い。鍋やお玉がたくさんぶら下がっていたり、立てかけられている。二〇〇〇年代は電力会社が積極的に営業し宣伝して、炎が出ないＩＨコンロとオール電化住宅が普及したが、登場する料理上手な人々のほとんどは、火加減を見ながら調節するガスコンロを愛用している。

自然光を使った写真からは、今にもおいしい食事ができそうな気配がする。産地が異なる塩が入ったかわいらしいビンがたくさん並んだ引き出し。使い込まれた何枚もの木のまな板が奥に立てかけられたコンロ。かごにぎっしり入った食器用の真っ白いふきん。使い込まれた鍋。果実酒が入った密閉ボトル。どれも宝物のように見える。生活に必要なささやかなモノへの愛着や喜びが伝わってくる。

台所の使い手のコメントが挿入された記事を読んでいるうちに、料理を手際よくつくるコツも発見できる仕掛けがある。

たとえばスタイリストの高橋みどりの台所は狭いが、機能的にできている。「作業台となったスチール棚の上には大きなまな板や、水切りかごを置くスペースがある。棚の下には乾物や雑貨のストック。自分で使いやすさを考えた台所だから、かゆいところに手が届き、作業は流れるように進んでいく」とある。

料理家の渡辺有子は、毎日使った分の洗濯をするほどふきんを大量に使う。マメにあちこち拭きながら調理を進める。感心する取材者に、「そんなにめずらしいことかしら？ 使ったら、洗ってふく。私にとっては、食べたあとの食器を洗うのと同じ感覚なんですよね」

この本に出てくる人は、常に動いててきぱきと手順よく家事をこなす。料理する以前に台所を使いこなしている。だから料理が上手になり、その台所と道具は、ビジュアル本の撮影に耐える使い込まれた美しさを秘めている。

ル・クルーゼの鍋もところどころに登場する。そもそも、ル・クルーゼの大流行は『天然生活』の出版元、地球丸が二〇〇三年に出した平野由希子の本がきっかけだった。いかにもスローな煮込み料理を、素材の味を引き出しながら実践できるル・クル

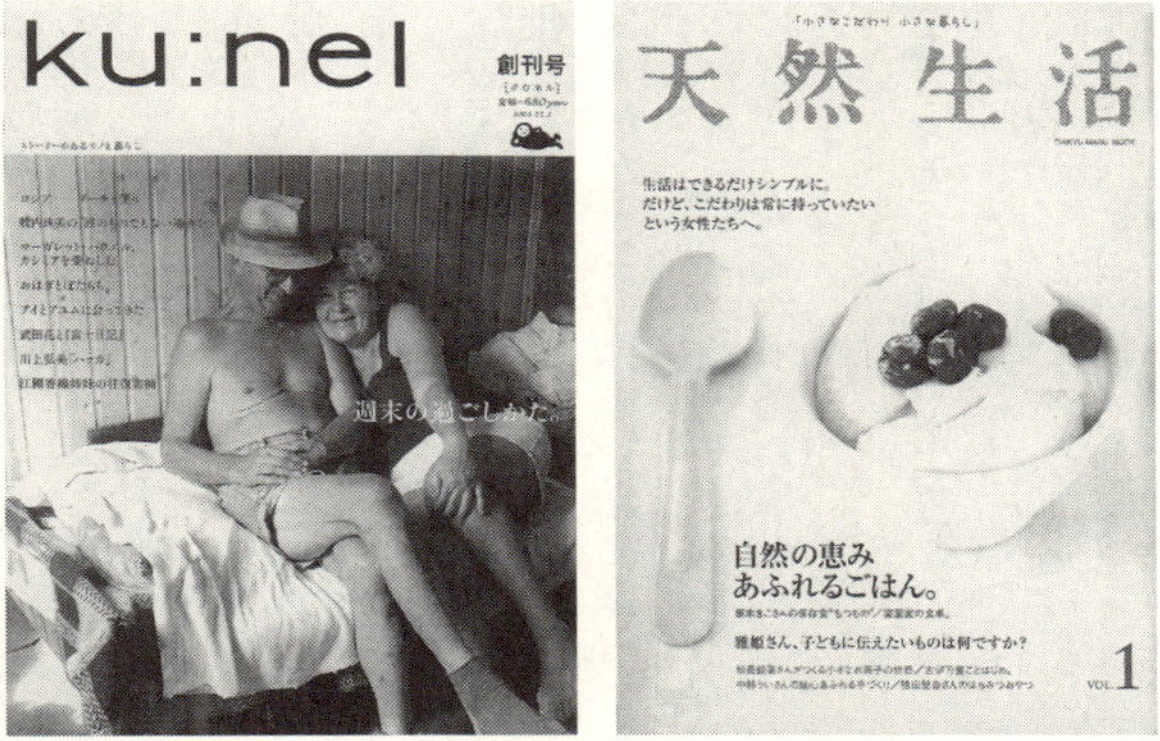

2003年、スローライフの実践を打ち出した『クウネル』『天然生活』が創刊

ーゼの鍋は、スローライフを象徴する。フランスの鋳物づくりの伝統を下敷きに、鋳物ホウロウの開発に成功したメーカーは、一九二五年に創業した老舗である。

ご飯を炊く鍋として、密閉力が高く重いル・クルーゼを愛用する人は多いが、そもそも日本で伝統的に使われてきた炊飯用の釜は厚手でフタが重い。高度成長期、かまどは姿を消していったが、ガスコンロで使える厚手の文化鍋や無水鍋が流行した。ホウロウの鍋も流行った。二十一世紀に入ってからは、土鍋でご飯を炊くことが流行っているし、家電メーカーはかまど炊きを再現する炊飯器を開発してヒットさせた。

ル・クルーゼ料理には、素材を蒸す要素もある。蒸し器もまた、日本の台所で長らく愛用されてきた道具である。さつまいもを蒸したり、茶碗蒸しをつくる蒸し器は、昭和の花嫁道具だった。二〇一〇年に流行したシリコンスチーマーは、素材を入れて電子レンジにかければ蒸し料理ができるというもの。同じ年、水が少ないモロッコで伝統的に用いられるタジン鍋も流行った。素材の水分を閉じ込めて蒸し焼きにする性能がある。素材のうまみや栄養分を逃さず、油脂もほとんど加えずに調理できる蒸し料理は、ヘルシーで簡単だと脚光を浴びている。

外国から入ってきたものや新しい台所道具に飛びつく人は多いが、それは結局、何世代にもわたって日本人が愛用してきた道具と性能が似ている。

先祖から受け継いできた暮らしを次代へ引き継ぐ。そういう暮らしを失ったと言われている私たちだが、実は文化の底辺では同じものを守り続けているのである。時代に合わせて変わったのは表面だけで、案外日本文化はしぶといのかもしれない。

『おべんとうの時間』の幸せ

変わったようで変わらない日本人の好みと生活スタイルを伝えるのが、『ソトコト』を出す出版社から二〇一〇年に発売されたビジュアル本、『おべんとうの時間』（写真／阿部了・文／阿部直美・木楽舎）である。写真家の阿部了が立ち上げた、全国各地の働く人々が食べるお弁当を撮る企画は、二〇〇七年に全日空の機内誌『翼の王国』に連載されて人気を得、「いつかは写真集に」という夢が実現した。二〇一二年に二巻が、二〇一五年に三巻が出ている。

本は、弁当の写真、職場や学校を背景にした食べ手の全身写真、そして妻である阿部直美がインタビューした文章で構成されている。

例えば、大きなおにぎり一個をラップで包んだだけの群馬県の男性は、酪農家を回って牛乳を集めるのが仕事だ。中身は日によって、梅干しだったりたらこや明太子、きゅうりの漬けもののこともある。朝四時には家を出なければならない今の職場に移って、共働きの妻につくってもらうことはやめたと話す。

そぼろがのったご飯に梅干し、きんぴら、プチトマト、卵焼き、カツ、モロヘイヤのおひたしが入ったお弁当は、東京在住、保険会社の営業マンのもの。好きではなかった酢のものを、妻が弁当に入れるので食べるようになったと言う男性のコメント。

「弁当の中身のことは、何も言いません。うん、それはもう言わないことにしてる。もし嫌なことを言われたら、作らないよね、やっぱり。弁当ってふたりで食べるものだと思うんです。作る人と作ってもらう人のふたり。作ってくれる人の気持ちは伝わるから、ありがたいなぁって思います。そしたら、何も言えないです」

鮭フレークご飯の入ったプラスチック容器と、同じサイズの容器に豚のしょうが焼き、プチトマト、ネギ入り卵焼き、練ったかぼちゃ、ウィンナー、ゆでたブロッコリーを入れたお弁当。持ち主は千葉県の航空整備士で、自分でつくった。同僚の妻は現在育児休暇中。妊娠中に妻のつわりがひどかったことから、弁当をつくるようになった。

アルミのお弁当箱にご飯、卵焼き、タコさんウィンナー、きゅうりのみそ和えを入れ、プラスチック容器にキウイ、トマト、ブロッコリーを入れたお弁当は、群馬県の幼稚園児のもの。息子がお弁当大好きなので、幼稚園がない日でも、お弁当をつくって家や道端で一緒に食べる、と母親が言う。

カナダ出身で東京に住み、英会話講師をする女性は、マメやズッキーニ、にんじんなどが入ったクスクスをガラスの器に詰めている。シングルマザーの母親が働いていたので、子守りの女性を探すために引っ越しをくり返した小学生時代の昼食はひどかったと話す。給食がないので、シッターの主婦がお昼を用意するのだが、フレンチトーストやマカロニサラダなど、炭水化物中心。マクドナルドで食べることもあった。

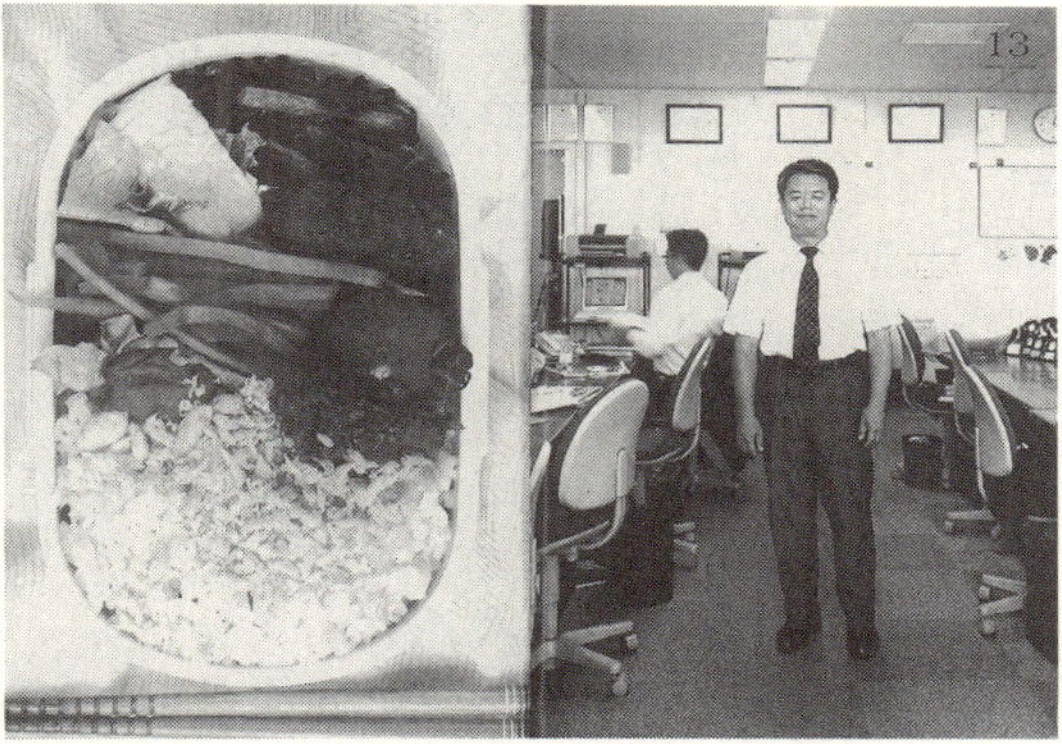

つくり手が食べる人を思いやる心が伝わる『おべんとうの時間』より

沖縄県の高校生男子の弁当は、母親がつくったもの。梅干しがのったご飯にトンカツ、ウィンナー、シューマイ。ハムと卵のチャンプルーは、苦手なゴーヤは抜き。伝統的な漁法の漁師をする祖父がいる。将来は調理師になりたいと話す。

それぞれの好みや事情がお弁当には反映されている。つくり手も男性の場合も女性の場合もある。基本的に肉も野菜も入っている。取材だから、と急にバランスを考えた人にはできないだろうと思わせる日常性がどの弁当からも感じられる。偏りがあるのは、肉ばかりの高校生とくだものの存在感が大きい幼稚園児ぐらい。食べ盛りにはカロリーが必要だ。幼いときはなかなか野菜を食べない替わりに、くだものでビタミンを補う。偏っている二人の弁当にも、親の気配りが感じられる。

世の中に、お弁当を毎日つくって持参する人がどの程度いるのかわからないが、必ずしもバランスを欠いた食生活を送っている人ばかりではないことが伝わる。朝早く起きて働いている人がいる。切ない過去を持つ人もいる。それぞれが、話をするうちにお弁当とともにある家族を思いやる。こんな取材でもなければ、わざわざ口にすることもなかっただろう、心に秘めた感謝の気持ち。それは、夫婦二人三脚で取り組む取材者だからこそ引き出せた言葉といえるだろう。

スローフードという切り口から食の風景を見てみると、二十一世紀の食卓は、さほど悪くない。昔ながらの食文化が完全に廃れたわけではない。

蒸した料理もお米のご飯も、日本人が昔から好んできた料理だ。私たちが取り戻したかったのは、当たり前の暮らしだ。そしてそれは、遠い外国や過去に求めなくても、すでに手にしている人はちゃんといる。当たり前すぎるから気づかなかっただけなのである。

問題ばかりを見ていれば、絶望したり将来を悲観したくなる。壊れたものや、失ったものを見て嘆いていても、立ちすくむばかりだ。それよりも今手にしているもの、生まれてきた可能性に目を向けることも必要ではないだろうか。一人ひとりが食べること、つくることを大切にし、自分や家族の心と体をいたわることで、変えていけることはたくさんある。

《コラム》復活なるか。和食の調味料

洋食やアジアのスパイスが効いた料理や、肉料理のパンチのある味に比べて、定番の和食は地味である。ご飯は、よく嚙むと旨みが出てくる。煮ものも、嚙むうちに野菜の旨みがしみ出してくる。焼き魚や煮魚もあっさりめ。みそ汁もインパクトは弱い。ぬか漬けやたくあんは、そこはかとない香りや味わいを楽しむ。

メディアが盛んに紹介し、人気が出た洋食で育った最初の世代はそろそろ六十代である。彼らとそれに続く世代は、だしを引くことから始める和食をつくるのは面倒と思うようになった。その間、和の食材の消費量はへり続け、米はもちろん、みそも半減した。しょう油はピーク時の約三分の一だ。

家庭の味が廃れてきている。昔、しょう油は集落ごとに蔵元があった。農家のみそは自家製だった。町では米は米屋で、乾物は乾物屋で売られ、しょう油やみそは酒屋などで量り売りした。地元の味で子どもは育った。しかし、スーパーができて、メディアでレシピ紹介が多い洋食・中華の調味料、加工食品と同列に並んだ和の調味料は、数ある選択肢の一つになっていく。

スーパーで販売力を持ったのは、全国に展開するナショナルブランドである。東京

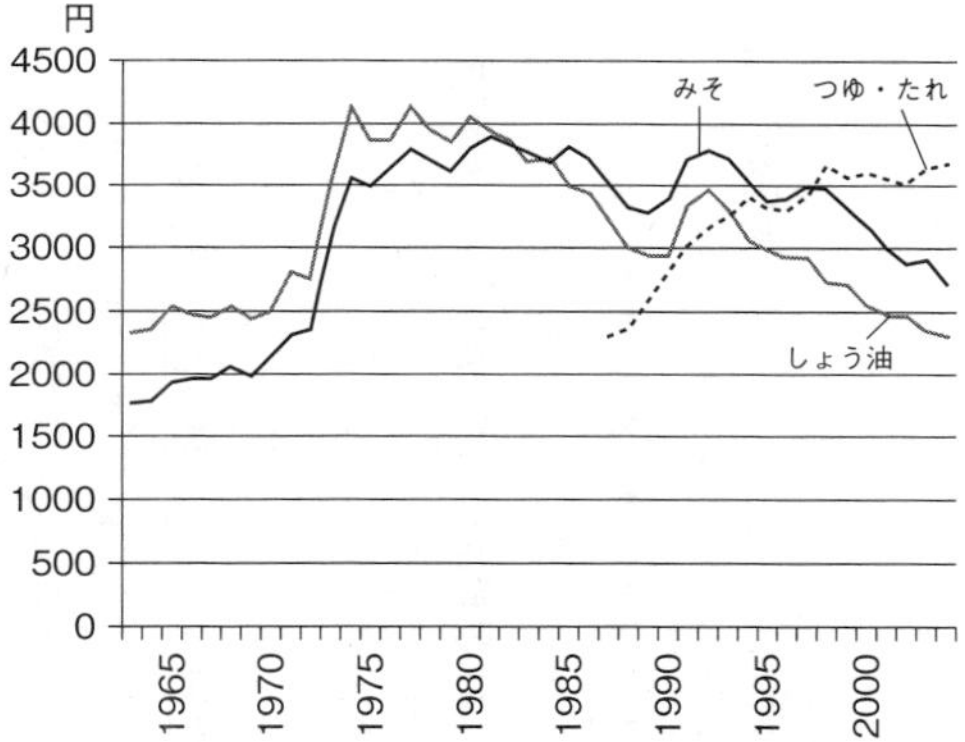

1年間の購入金額で比べるしょう油、みそ、つゆ・たれの消費の変化
――総務省統計局「家計調査総合報告書」より

では、みそ蔵が空襲で焼けたところへ、味も中庸な信州みそが売り込んできてナショナルブランドになった。しょう油は関西の淡口しょう油、中部地方のたまりしょう油など地元の味があったが、現在消費される約八割は関東で発達した濃口しょう油である。

ナショナルブランドは、洋食文化に対抗すべくさまざまな手を打ってきた。

だし入りみそやしょう油を販売する。かつおぶしメーカーなどが先行していた和の合わせ調味料、つゆ・たれ商品の市場は大きくなり、一九九四年にしょう油の消費金額を超えた。液体だしの素を使った料理を最初に提案したのは『オレンジページ』で、一九八五年十月号の煮もの特集である。その後広まった合わせ調味料を使った和食は、二〇〇〇年代後半には定番レシピの仲間入りをした。洋食や中華のスープの素と同じ簡単さを獲得して、和食は食卓に並び続けている。

コンビニで売られるインスタントみそ汁は伸び続けている。二〇〇九年にマルコメが出した、だし入りの「液みそ」はヒット商品だ。そこへ二〇一一年から塩と麴、水を混ぜて発酵させた塩麴ブームが加わる。これを加えるだけで味が決まる、と人気が出た。伝統的な発酵食品と今の流行を結ぶ食品なのである。

宣伝・広報活動も盛んになってきた。農林水産省が中心になり、地場の旬の素材を中心にした和食は、二〇一三年にユネスコの無形文化遺産に登録され、和食が改めて脚光を浴びている。しょう油業界は、二〇〇六年から始めたしょう油づくりについて体験学習する出前授業をして人気だ。みそ業界も広報活動をしている。食育が功を奏して地元料理が再発見されるだろうか。多様なレシピが並列されるクックパッドでレシピを探す若い世代は、和の調味料も使うだろうか。復活の光は、ようやく見えてきたばかりである。

エピローグ　新世代の家族のドラマ

食が主役の物語

二十一世紀になってメディアに登場する物語には、食卓シーンがやたらと多い。たとえば小説。角田光代はもちろん、川上弘美や江國香織、梨木香歩、瀬尾まいこなど、昭和半ばに生まれてバブル期を通過した世代の女性には、食を書くのが得意な作家が多い。

第一回本屋大賞を受賞して、ベストセラーになった小川洋子（一九六二年生まれ）の『博士の愛した数式』（新潮社・二〇〇三年）は、家政婦となった主人公が、記憶が八十分しかもたない派遣先の博士のために、おいしそうな洋食を調える。途中から、主人公の息子も食卓に加わる。子どもが独りでご飯を食べてはいけない、と主張する博士の配慮だ。

二〇〇八（平成二十）年にデビューした小川糸（一九七三年生まれ）は、処女作『食堂かたつむり』（ポプラ社）で、主人公がつくる料理で食べた人たちが癒され、関係を回復する物語を描いた。この小説にかぎらず、飲食店が舞台の小説は多い。

食べることで人が幸せになるのは、一瞬のできごとかもしれない。しかし、食べる喜びは、共感されやすい。なぜなら、食べることは生きることだからである。毎年三万人を超える人が自殺する世の中で、食に託される思いが重くなっている。ホームドラマ時代が再来している、という側面もあるのかもしれない。

昭和半ばのホームドラマ全盛期は、家族のあり方が変わっていく過渡期だった。戦争で家族を失った人がたくさんいた。一方で、新しい世代がつくる家族は、それまでの時代とは違う典型を築いた。

手作業中心で忙しかった主婦の仕事が、家電の普及でらくになり、家族の手伝いを必要としなくなる。外で働くお父さんは、つき合いや残業などで長時間会社に縛られるようになっていった。共同体で運営していた年中行事の祭りも、都会にやってきた人々には関係なかった。個人がバラバラに投げ出されそうな時代に、家族をつなぐ場として描かれたのが食卓だった。

しかし、メディアの力には限界がある。現実には孤食の子どもがいる。きちんとした食事をしていない家族もいる。そして、食卓をともにしていようがいまいが、すれ違って確執を抱えた家族は少なくない。

家族イコール幸せ、とは限らないことから目を背けられなくなった時代に、小説家たちはいっせいに食卓を描き出した。家族が再生するきっかけとして食卓を描く人もいる。

先に挙げた小説は、どちらも映画化されている。映画やテレビドラマでもおいしそうな食卓シーンはふえた。第四章の（3）で取り上げた『すいか』のように、家の食卓に並ぶ料理を見せる場面が食欲をそそる。八〇年代の『金曜日の妻たちへ』は、カメラアングルは低めで、料理より人物の表情に目がいくようになっていた。二十一世紀は、料理もキャストの一部のように演出される。

料理人やソムリエ、食堂の店主など、食を描くマンガやドラマも多い。二〇一二年放送の『ハングリー！』（フジテレビ系）は、向井理がフレンチレストランのオーナーシェフの役で、彼がつくる料理が人を変えていく話だった。食が人を成長させるという描かれ方も目立つ。一方、二〇一二年にドラマ化された久住昌之原作・谷口ジローマンガの『孤独のグルメ』は、雑貨輸入商を営む井之頭五郎（松重豊）の、おいしそうな外食シーンが中心で、人間ドラマはほとんどない。しかし、そのシンプルさが人気を呼び、二〇一六年時点で五回もシリーズが続いている。

物語で食が重要な役割を果たすのは、食以外の共通項を人が持たないからかもしれない。昭和の時代、ドラマは人間関係のもつれで生まれる悩みや葛藤で盛り上がった。

今やその手の葛藤は、刑事ドラマや医療ドラマでしか描けなくなっている。ぶつかりながら感情をコントロールすることを覚え、深く関わる人間関係がふつうではなくなっているからだ。それほど人は孤立している。

飯島奈美の素朴な料理

料理が重要な役割を果たす物語の流行に拍車がかかったきっかけは、映画『かもめ食堂』(荻上直子監督・二〇〇六年)だった。小林聡美演じるサチエが、フィンランドで食堂を開く。そこに日本人の女性ミドリ(片桐はいり)がやってきて働くことになる。食堂を中心に、日本人の彼女たちと、フィンランド人の間に生まれるささやかな交流を描く。

作品中に流れるゆったりとした時間、癒し系にも思えるファンタジックなストーリー、不器用な生き方しかできない登場人物たち。主演は小林聡美。明らかに『すいか』が原型になっている。片桐はいりは『すいか』で、馬場万里子に関する聴取に訪れる刑事役で出ていたし、脇を固めるベテラン、もたいまさこも両方の作品に出演している。

『かもめ食堂』は映画館に行列ができるほどヒットして、一九七二(昭和四十七)年生まれの荻上直子は新進気鋭の監督として注目を浴びることになった。その後も、『めがね』、『トイレット』など、スローで不可思議な時間が流れる作品を監督している。

『かもめ食堂』で注目を集めたのは、サチエがつくるおにぎりやしょうが焼き定食である。食べたことがない料理を、最初はおそるおそる、やがておいしそうに食べ始めるフィンランドの人々。素朴な和食が、スクリーンの中で太陽の光を浴びてきらきらと輝く。

この映画で料理を担当したのが、長くＣＭに出す料理を手がけてきたフードスタイリストの飯島奈美で、一躍時の人となった。荻上作品のほかにも、『東京タワー』（二〇〇七年・オダギリジョー主演）、『南極料理人』（二〇〇九年・堺雅人主演）、マンガが原作の『のんちゃんのり弁』（二〇〇九年・小西真奈美主演）や『深夜食堂』（二〇一四年・小林薫主演）などの映画でも、画面に映る料理をつくっている。

飯島奈美は一九六九（昭和四十四）年の東京生まれ。保育園の調理師を務める料理好きの母の元で育つ。物心がついたころから母を手伝い、小学校低学年でみそ汁をつくるようになる。栄養士の専門学校を卒業後、映画やＣＭの料理を手がけるフードスタイリストのアシスタントとなり、六年半後に独立する。映画初進出となる『かもめ食堂』に関わったのは、小林聡美が出演する敷島製パンのCMを手がけていたことが縁だった。

裏方に求められる料理は見せることが目的で、オリジナリティを売り出す料理研究家とは違う。画面には映らないかもしれない料理をくり返しつくることもあるし、失敗したという設定の料理を求められることもある。職人として働いてきた飯島には、料理が自己表現だという気負いはない。いくつかのインタビューから拾ってみよう。

「ずっと必死で、自分が何を好きで何がしたいかなんて考える余裕がありませんでした。求められたことを一生懸命やって、喜んでもらえるとうれしくて次も頑張る。そのくりかえし。気づけば、これが私の好きな仕事になっていたんです」(『クウネル』二〇一〇年五月号)

「映画やCMでは『普段のご飯』という設定が多いんです。平凡な食卓の中にも、おいしさだけでなく、『こういう食卓を囲みたい』とか『よくこういうの作ってもらったな』といった思いを盛り込みたいと考えてきました」

「便利さの中で暮らす私たちはつい『簡単便利』に流れがちです。けれども素朴なもの、平凡なものに丁寧に向き合うことで、伝えられるものがあって。そういうものを、大切にしたいと思うんです」（朝日新聞　二〇一一年五月一日）

きちんと働く、食べる。飯島が話し実践していることは、当たり前のようで難しい。食の情報があふれ誘惑が多い時代だからこそ、見失いたくない原点を語っている。

小道具としての料理に求められるのは、ビジュアルで味ではない。しかし、撮影用の料理で、ちゃんと味つけをすることで、「おいしそう」と感じてもらいたい、と料理をつくってきた飯島が人気者になって、レシピ本を出すようになった。

代表作が、WEBマガジンの「ほぼ日刊イトイ新聞」で連載された『LIFE　なんでもない日、おめでとう！のごはん。』（一〜三巻　東京糸井重里事務所　二〇〇九〜一一年）だ。

細かく追ったプロセス写真に、つくり方の文章がつく。その説明も細かい。第四章の（2）で紹介した、男子や女子のレシピにも、従来のレシピ本にはなかったちょっとしたコツが添えられていた。わざわざ書くほどではないが、上手につくるための小さなコツ。それが、ページ数に制約がないインターネット上が初出の『LIFE』では、全行程にわたって話し言葉でていねいに説明される。

たとえば「ちいさなお祝いの日のちらしずし。」では、薄焼き卵のつくり方を「フライパンを強火で熱し、いったん火からおろして、サラダ油を薄くひいたところに卵を入れ、弱火で焼きます。薄く全体にのびるぐらいの分量にしてくださいね」と解説。「お手伝いしてね、のロールキャベツ。」では、茹でたキャベツを準備するところで「大きい葉一枚と、小さい葉一枚をペアにして、小さい葉を5㎝ほど手前にずらして、重ねて使いましょう。そして、葉のあいだに、軽く塩を振ります。この塩は、スープ用から適量を使ってください」と、上手に巻くポイントを伝える。「ただいま！の筑前煮。」では、こんにゃく、干ししいたけ、切った野菜をフライパンで煮る解説の後、「その間、さといもの皮をむいて」（むいている途中の写真）、「一口大に切っておきます」（包丁を入れている写真）と、料理の流れまで説明する。

料理する場面を想像できる写真と細かい説明のレシピは、男子、女子のレシピの進化形である。子どもでも大人でも、つくってみようと思い立った人が、初めてでも真似できるもの。ちゃんと読んで、書かれているとおりにつくれば、失敗しない。

料理したい、という気にさせるのは、自然光を浴びおいしそうに見えるできあがりの写真と、誰でも食べたことがあるような懐かしいラインナップ、そして、それぞれの料理に添えられたショートストーリーだ。

「ごほうびからあげ。」は、料理をふだんからしている親がつくるという設定。

「子どもたちに、なにかほめてあげたいことがあった日に、たっぷり大皿で出してあげたい、からあげです。あつあつのうちはもちろん、冷めてもおいしく食べられるように、余分な脂や、血のかたまりなどを、ていねいに取り除いておくことがポイントです」

お母さんの愛情、という言葉で抽象化されてきた、おいしさの秘密がこの本には書かれている。お弁当のからあげがおいしいのは、余分な脂などを取り除くという、やらなくても成立するがおいしさが長持ちする細かい作業が加わっていたから。「うんどうかいのおむすび。」では、「ごはんの熱いうちに、最初に強く二、三回にぎるのが、いちばんだいじなポイント」と紹介される。手で握ったおにぎりがおいしいのは、やけどしそうなタイミングでギュッと握っていたからだった。

料理をおいしくするのは、こういうひと手間である。料理で表現される気配り、愛情とは、誰かのため、あるいは自分のために時間と労力を惜しまないことなのである。一生懸命つくればおいしくなるのではなく、やるべき仕事を手を抜かずにやることでおいしさは生まれる。最初のうちは面倒だったその工程が、経験を重ねるうちに当たり前になり、無意識の所作になる。そうなるためのはじめの一歩が、この本には書かれている。

誰もがつくれるように、とさまざまなシチュエーションをこの本は想定する。お母さんが娘に教えるもの、おばあちゃんの懐かしい味もあれば、お父さんや若い男性がつくる設定もある。今は料理に興味がない人にもつくれるようになってほしい、という願いが感じられる。

料理上手なお母さんだって、新婚時代や子どもが幼かったころは、下手だったかもしれない。投げ出したい日もあったかもしれない。その人たちが、義務感からつくったり、子どもから不満を言われて修正したり、と試行錯誤の末に築いた味を、誰でも学べる時代になった。

すしや筑前煮などの和食はもちろん、ハンバーグもスパゲティのミートソースやナポリタン、ロールキャベツも、すっかり定番の料理になった。お母さんの味、おばあちゃんの味、もしかすると居酒屋や洋食屋の味としてかもしれないが、ともかくも、登場するのはみんなが食べたことがあるだろう料理ばかり。

料理自体に目新しさはないが、親切なレシピ本のヒットは、つまりは、料理が苦手だと思っていた人が、それだけ大勢いたという証拠でもある。料理したことがない男性や若い人が、料理しようという気になったかもしれない。基礎がないと思っている主婦が買ったかもしれない。

世の中にはレシピ本があふれている。料理研究家やフードコーディネーターを名乗る人も覚えきれないほどたくさんいる。どれを選んだらいいのかわからないところに登場したのが、なつかしい定番料理を紹介する飯島だった。

ふだんの食卓に大きなドラマはない。さまざまなメディアで、食卓の場面がふえたのは、ささやかな日常を描く物語がふえたということである。戦争が終わって半世紀余り。日常こそが欲しい、という時代が再びやってきた。

何しろ不況になって長いし、世の中には悲観論があふれているし、自殺者も多い。仕事がない人、家族と疎遠になって孤独な人、家族を喪った人。病気やケガで、生きることが苦痛になってしまった人もいる。そのうえ、東日本大震災という多くの人の人生観をひっくり返し、生活を破壊し、命を奪う大事件も起こった。だからこそ、今日を確かに生きている日常がありがたく感じられる。自分が手にしている幸せが貴重なものだと知っている。あるいは、安心できる日常を手に入れたいと願っている。

にぎやかな食卓のシーンに癒される人々は、まるで「マッチ売りの少女」のようだ。

将来の夢を描くどころではない、生き延びることで精一杯の人がふえていることを、食を描くメディアから読み取ることができる。

連続ドラマ『マルモのおきて』

昭和につくりあげたあるべき家族像は、平成になってあっけなく崩れた。お父さんが働き、お母さんが主婦業に専念する、という役割分担は、経済的にも成り立たなくなった。家族をつくらない人もふえた。しかし、独りで生きるのは寂しい。家族をつくりたい人もいる。あるべき姿を見失った家族は、どう生きればいいのか。どんな食卓があれば、家族は幸せになれるのか。

その問いへの一つの答えが、二〇一一年四月～七月に放送された連続テレビドラマで描かれた。うなぎのぼりに視聴率が上がった『マルモのおきて』(フジテレビ系)である。

主役は、流行りのイクメン。この言葉は二〇〇九年ごろから流行り始め、定着した。育児をする男性という意味で、メディアが盛んに取り上げるのは、残業漬けの正社員と非正規雇用の女性や若者で成り立っている企業を変えるために男性の意識改革から始めよう、という運動を兼ねているからでもある。『マルモのおきて』にもイクメンブームを盛り上げる要素があり、フルタイムで働く男性が育児をする場合に起こりうるハプニングや、子どもを育てるために必要なものが、具体的なエピソードを通して描かれる。

主人公の高木護ことマルモ（阿部サダヲ）は、三十代独身で文具メーカーに勤める。商品開発部にいたが、最近お客様相談室へ異動した。ランチも提供する居酒屋「クジラ」の二階に下宿している。「クジラ」には、結婚して出ていったはずの娘、畑中彩（比嘉愛未）が帰ってきたところで、父で店主の陽介（世良公則）は、ブツブツ言いながら受け入れる。

マルモが中学時代から野球部でバッテリーを組んでいた、親友の笹倉が亡くなる。その子どもたちを、預かることになる。子どもは双子で、母親は離婚していて行方不明。別々に親戚の家に引き取られるのを見ていられなかったのだ。マルモ、六歳の薫（芦田愛菜）、友樹（鈴木福）と、拾ってきた犬のムックの奇妙な同居生活が始まる。

独身中年男性のマルモは、もちろん子育てのことは知らない。双子の気持ちになかなか気づかなかったり、怒鳴ってしまったりと、失敗もたくさんする。しかし、親身になってくれる畑中親子に叱られたりフォローされたりしながら、軌道修正して保護者としての自覚が育ち、双子と心を通わせ親子になっていく過程が温かく描かれる。

成長するマルモと、変わっていく双子の関係を象徴するのが、食卓だ。初めて双子を家に連れてきた夜、マルモの冷蔵庫には何も入っていなかった。しかたがないので、買い置きしてあったさば缶をおかずに、冷凍庫に一食分ずつラップに包んで入れておいたご飯を用意する。ところが、ブレーカーがとんだ間に、ムックがさば缶を食べてしまう。その際のやり取りが、危なっかしい同居生活の始まりを表す。


ごま塩をご飯にかけて食べ始めるマルモ。

「おかずに困ったらごま塩の親分」と言って双子の前に突き出したボトルには、ねじり鉢巻の親分のイラストが描かれている。

「昔から決まってんの。挨拶しろよ、お疲れさまです」と親分に頭を下げてみせ、子どもたちにも真似させるマルモ。友樹は素直に挨拶するが、利発な薫はごまかせない。

「おかずは？」と薫。

「おかず？　そんなもんねえ」と開き直るマルモ。

「パパは毎日ちゃんと作ってくれたよ」と食い下がる薫。ついにマルモは本音を言う。

「文句があるなら犬に言いなさい……おれだって悔しいんだよ！」

テーブルの横では、まだ名前をもらっていないムックが、缶詰にがっついている。あきらめてごま塩をふりかけたご飯を食べ始める双子、目を丸くして「おいしい」と喜ぶ。翌日、「何食べたい？」と聞くマルモに、「ごま塩！」と声を揃えるほどの気に入りようだ。

しかし、レパートリーの少ないマルモでは心もとない。やがて畑中親子が、昼ご飯など双子の食事を、ときどき用意してくれるようになる。もともと陽介一人でまかなっていた店で、彩は暇だ。子どもたちのために、キャラ弁のごとくかわいい飾りつけをしたご飯を用意する。タコさんウィンナーが載った親子丼を、「タコさんウィンナー初めて食べる！」と感動する友樹を見て以来、動物ウィンナーづくりに精を出す。「クジラ」の看板料理、潮吹きをかたどった白ネギをのせたオムライス、クジライスを出した日は、カニさんウィンナー、プチトマト、ブロッコリーで飾りつける彩。大喜びする双子。

「じゃあ明日のお昼も食べに来たら」と言う彩に対し、「それは悪いですよ、お昼はちゃんと買い置きしてありますから」と遠慮するマルモ。すると、「買い置きなんてだめですよ。子どもにはちゃんと食べさせないと。親代わりならちゃんとしてください」と逆にマルモを叱る。結婚に破れて傷ついた彩は、子育てに参加することに役割を見つけ出す。

食事を重視していなかったマルモも、畑中親子に刺激され、子どもたちのために栄養のバランスを考えて料理するようになる。

親になる人間を独身男性に設定したことで、このドラマは、周囲が手助けしやすい状況をつくっている。男は料理が苦手で気配りが下手、という先入観が共有されているからだ。マルモを通して、一人で完璧な親などできないこと、子どもはたくさんの人に見守られ手を差し伸べられる中で育つこと、そして大人たちも子どもに育てられていくことを伝える。

三人が人と関わるきっかけが、食卓である。畑中親子が加わる食卓。マルモ母との食卓。一時マルモの恋人となる女性と四人でのピクニック。学校の給食。いろいろな人と食事をすることで、双子は人間の多様性を知っていく。人と食べる食事の楽しさ、ありがたさに触れていく。

マルモの二十一世紀家族

ある日、小学校でおうちの人の仕事を聞いて作文を書く、という宿題が出る。友樹はあけぼの文具でのマルモの仕事を書く。薫は家事をするマルモを書く。作文をマルモの前で読み上げる薫。

「マルモの仕事はまだあります。会社から帰ったら私たちのご飯をつくる仕事です。マルモがつくるご飯はいつも茶色くてしょっぱくておいしいです」

作文を通してマルモへの感謝を伝える双子に感激して、泣き出すマルモは薫に言う。

「お前らの飯つくんのは仕事じゃないぞ」

「茶色いご飯」というのは、家のご飯の象徴である。二〇〇七（平成十九）年に放送されたNHKの朝の連続テレビ小説『ちりとてちん』で、お母さんのご飯は茶色い、という表現が使われてから、メディアでよく使われるようになった。しょう油がベースの和食は、煮たり焼いたりすると茶色くなる。子どもたちが大好きなハンバーグや揚げものも茶色い。

テレビのカラー化、雑誌のグラビア化で、彩りの美しさが重視されるようになって半世紀。キャラ弁など、味や栄養よりも彩りが優先されるところまで行き過ぎた時代の、原点回帰として出てきたのが、茶色いご飯という言葉だ。

大事なのは栄養のバランスであり、それが自然に調うのは和食ベースの昭和の食事であり、そういう料理を用意する人は、見た目より中身を考える愛情を持っているという意味なのである。日本の食卓で、バランスがもっとも整っていたのは、一九八〇(昭和五十五)年ごろと言われている。洋食・中華がすっかり浸透し、外食・中食が日常化する前の時期である。和食が中心だが、肉も油脂も適度に入っていることが、栄養的には望ましいのである。

マルモが言う「仕事じゃねえ」というセリフは、長らく家事を主婦の仕事としてみなしてきた社会への反論である。ご飯をつくることは生活の一部であり、保護者が子どものご飯をつくるのは当たり前だと、マルモは告げているのである。

このように、ドラマには父が働いて家族を養い、母が家事と育児をして家を守るのが、正しい家族という意識をそろそろ現実に合わせて変えていこう、多様な生き方を認めよう、というメッセージが、あちこちに埋め込まれている。

それは、途中から登場する双子の実の母親あゆみ(鶴田真由)のエピソードにも表れている。彼女は、双子が赤ちゃんのときから三年間、ほとんど独りで世話をしてきた。その孤独と忙しさから育児ノイローゼとなって家を出て、離婚に至った。

ドラマは、当面の間双子を育てるのはマルモ、という結論を出す。血のつながりだけが家族を保証するものではない。ともに暮らし、人生を分かち合うのが家族なのではないか、と視聴者に問いかけるのである。そして、やがてあゆみも関わっていくだろうこと、マルモと彩は夫婦になるかもしれない、という含みを持たせて、家族が変化していくことまで匂わせている。

食卓は、家族の関係を象徴する。ステレオタイプのイメージは現実と違う、ということを、二〇〇〇年代以降さまざまなメディアで表現された食卓は伝えている。そこにあるのは、多様性を認めよう、正解はないという力強いメッセージである。

常にだんらんがあって、一汁三菜の栄養のバランスが整っている家族が、絆が深くて互いを思いやっているとは限らない。栄養が不十分な食卓もあるし、全員が家の中で食卓を囲めるとも限らない。

食の選択肢が広がった今、一つの型に食卓を押し込めることは不可能である。そもそも、食卓は各家庭で異なる文化とライフスタイルのもとにつくられるもので、一つひとつ違うはずである。平成のホームドラマは、さまざまな形の幸せを伝えるまでに成熟している。

しかし、食が命の源であることは、どんなに時代が変わろうと、どんな事情を抱えていようと変わらない事実である。必要で多過ぎない栄養をとること。それが何かを教えてくれるレシピ本も出た。二〇一〇年に出た『体脂肪計タニタの社員食堂』（大和書房）である。二冊のシリーズで累計四百二十万部を超えた大ヒットは、健康によい食卓の基準を知りたい人がふえた証である。

料理は上手でなくていい、センスよく彩れなくてもいい、毎回栄養のバランスが整っていなくてもいい、毎回手づくりできなくてもいい。しかし、つくれば自分の味覚と体調に合わせることができる。誰かのためにつくることは、喜びである。食事をつくることは、権利なのだ。つくって食べる生活が、深刻な悩みや日々のストレスに負けそうな自分を支えてくれる。

その技術を獲得するために、レシピはある。台所に立った経験が少ない男子や女子も、基礎からわかるレシピ本が今はたくさんある。インターネットで情報を得ることもできる。食材も豊富に世の中に出回っている。カスタムメイドの料理は、最初のうちは下手かもしれないが、くり返しつくり続けていくうちに、どんなおいしいレストランの味より、自分をくつろがせ元気をくれる源になっていくだろう。

主な参考文献

プロローグ

『にっぽん台所文化史』小菅桂子　雄山閣　一九九一年
『きょうも料理　お料理番組と主婦　葛藤の歴史』山尾美香　原書房　二〇〇四年
『近代料理書の世界』江原絢子・東四柳祥子　ドメス出版　二〇〇八年
『戦下のレシピ　太平洋戦争下の食を知る』斎藤美奈子　岩波アクティブ新書　二〇〇二年

第一章

『食と農の戦後史』岸康彦　日本経済新聞社　一九九六年
『台所から戦後が見える』朝日新聞学芸部　朝日新聞社　一九九五年
『うちのご飯の60年　祖母・母・娘の食卓』阿古真理　筑摩書房　二〇〇九年
『清張ミステリーと昭和三十年代』藤井淑禎　文春新書　一九九九年
『毎日ムック　新版戦後50年』毎日新聞社　一九九五年
『江上トミの料理一路　台所文化のさきがけ』津谷明石　朝日新聞社　一九七八年
『テレビ料理人列伝』河村明子　生活人新書　二〇〇三年
『サラダ野菜の植物史』大場秀章　新潮選書　二〇〇四年
『喜ばれて喜んで96歳　おもてなしへの招待状』飯田深雪　日本放送出版協会　二〇〇〇年
『NHK「きょうの料理」きのう・あす』飯田深雪・江原由美子・土井勝・長山節子　有斐閣　一

九八八年
『全記録テレビ視聴率50年戦争　そのとき一億人が感動した』引田惣彌　講談社　二〇〇四年
『〈家族〉イメージの誕生　日本映画にみる〈ホームドラマ〉の形成』坂本佳鶴恵　新曜社　一九九七年
『寺内貫太郎一家』向田邦子　新潮社　一九八三年
『日本流通史』石井寛治　有斐閣　二〇〇三年
『戦後50年　にっぽんの軌跡・上』読売新聞編集局［戦後史班］読売新聞社　一九九五年
『講座食の文化　第三巻　調理とたべもの』石毛直道監修　杉田浩一責任編集　（財）味の素食の文化センター発行　（社）農山漁村文化協会発売　一九九九年
『きょうも料理　お料理番組と主婦　葛藤の歴史』山尾美香　原書房　二〇〇四年
『日本人の生活時間・２０００　ＮＨＫ国民生活時間調査』ＮＨＫ放送文化研究所編　日本放送出版協会　二〇〇二年
『21世紀家族へ［新版］家族の戦後体制の見かた・超えかた』落合恵美子　有斐閣選書　一九九四年
『モダンガール論　女の子には出世の道が二つある』斎藤美奈子　マガジンハウス　二〇〇〇年
『だいこんの花』前後篇　向田邦子　新潮文庫　一九九一年
『カゴメ百年史』カゴメ株式会社　一九九九年

第二章
『恋愛の昭和史』小谷野敦　文藝春秋　二〇〇五年
『私の居場所はどこにあるの？　少女マンガが映す心のかたち』藤本由香里　朝日文庫　二〇〇八年
『1980年代　全ドラマクロニクル』「テレビライフ」編集部編　学習研究社　二〇〇九年
『家族の昭和』関川夏央　新潮文庫　二〇一〇年
『テレビ料理人列伝』河村明子　生活人新書　二〇〇三年
『パーティをしませんか　入江麻木のもてなし料理』入江麻木　鎌倉書房　一九七九年
『バーブシカの宝石』入江麻木　講談社　一九八七年
『可愛い女へ。料理の絵本』鎌倉書房　一九七九年
『妻たちの思秋期』斎藤茂男　共同通信社　一九八二年
『エイリアン通り』1〜4巻　成田美名子　白泉社文庫　一九九五年
『恋にあっぷあっぷ』田辺聖子　集英社文庫　一九八八年
『知っていますか　子どもたちの食卓　食生活からからだと心がみえる』足立己幸　NHK「子どもたちの食卓」プロジェクト　日本放送出版協会　二〇〇〇年
『美味しんぼ』1、2、4巻　作・雁屋哲　画・花咲アキラ　小学館　一九八四〜八五年
『クッキングパパ』1、8巻　うえやまとち　講談社　一九八六年、一九八七年
『小林カツ代のらくらくクッキング』小林カツ代　文化出版局　一九八〇年

第三章
『デパ地下仕掛け人のお客を喜ばせる現場マーケティング』樋口武久　河出書房新社　二〇〇六年
『デパ地下仕掛人』加園幸男・釼持佳苗　光文社新書　二〇〇二年
『なぜデパ地下には人が集まるのか』川島蓉子　PHP新書　二〇〇八年
『料理の鉄人大全』番組スタッフ編　フジテレビ出版　二〇〇〇年
『イマジン』1～7巻　槇村さとる　集英社文庫　二〇〇二年
『百年の恋』篠田節子　朝日新聞社　二〇〇〇年
『女は私で生きる』アエラ編集部編　朝日文庫　二〇〇二年
『ごちそうさまが、ききたくて。』栗原はるみ　文化出版局　一九九二年
『天才柳沢教授の生活』1～18巻　山下和美　講談社　一九八九年～二〇〇二年

第四章
『八日目の蟬』角田光代　中央公論新社　二〇〇七年
『庭の桜、隣の犬』角田光代　講談社文庫　二〇〇七年
『変わる家族　変わる食卓　真実に破壊されるマーケティング常識』岩村暢子　勁草書房　二〇〇三年
『〈現代家族〉の誕生　幻想系家族論の死』岩村暢子　勁草書房　二〇〇五年
『知っていますか　子どもたちの食卓　食生活からからだと心がみえる』足立己幸　NHK「子どもたちの食卓」プロジェクト　NHK出版　二〇〇〇年

『花のズボラ飯』1～2巻　久住昌之原作・水沢悦子マンガ　秋田書店　二〇一〇年、二〇一二年
『レシピブログで夢をかなえた人たち』井垣留美子著・レシピブログ監修　ヴィレッジブックス新書　二〇〇九年
『作ってあげたい彼ごはん』SHIORI　宝島社　二〇〇七年
『太一×ケンタロウ　男子ごはんの本』国分太一・ケンタロウ　発行／M.Co. 発売／角川グループパブリッシング　二〇〇九年
『きのう何食べた？』1～5巻　よしながふみ　講談社　二〇〇七～一一年
『スローフードな人生！　イタリアの食卓から始まる』島村菜津　新潮文庫　二〇〇三年
『ずらり　料理上手の台所』お勝手探検隊編　マガジンハウス　二〇〇七年
『おべんとうの時間』写真・阿部了　文・阿部直美　木楽舎　二〇一〇年

エピローグ

『博士の愛した数式』小川洋子　新潮文庫　二〇〇五年
『食堂かたつむり』小川糸　ポプラ社　二〇〇八年
『LIFE　なんでもない日、おめでとう！のごはん。』飯島奈美　東京糸井重里事務所　二〇〇九年

おわりに

今回の本は、とにかくつくるのに時間がかかった。何しろ料理メディアは膨大にある。そのすべてを調べることは難しいので、人気雑誌の創刊年やよく売れた年、変化の要となった年を選んで一年分の料理ページを読み込む、という方法を取り、そこに時代を象徴する料理研究家の代表作のレシピ本やベストセラーなども加えた。資料を調べるために国立国会図書館、東京都立中央図書館、お茶の水図書館、味の素食の文化ライブラリーにくり返し通った。

ふだん、レシピを読む習慣がほとんどないため、調べるうちにその日の夕食のヒントをもらう、というおまけもあった。レシピは、読むと料理したくなるように書かれている、と実感した。

女性の生き方や世代、社会的な背景については、これまでの本で書いてきた蓄積があったので改めて調べたことは少ない。しかし、その知識がなければ、レシピの裏にある女性の意識や社会の変化まで読み取ることはできなかっただろうと自負している。

執筆中にも、食に関する情報発信は続いている。食は今、ブームなのだと思う。新しい情報を挙げればきりがないので、本書に関連するものをいくつか紹介したい。

是枝裕和監督は、フジテレビの連続ドラマ『ゴーイングマイホーム』で、『歩いても 歩いても』の続編ともとれる阿部寛主演の家族の物語を描いている。今回の妻役の山口智子はフードスタイリスト。監督が料理に象徴させたい家族の関係がよりクリアに伝わってくる。そして『料理の鉄人』が食文化の継承という現代的なテーマで復活。また、『聡明な女は料理がうまい』の知恵が再発見され、復刊されている。社員食堂のレシピ本は二匹目のどじょうが結構いたようで、各社の本が出て社食本ブームの様相を呈している。

トレンドは移り変わっていくが、階層が固定化されていく時代の中で、つくって食べる文化がどこまで守られていくのか、不安はある。文化はある程度の豊かさがなければ成り立たない。精神論だけでは、つくって食べる、食べさせる文化は続かないからだ。そして溢れかえる食の情報の中から必要なものを選ぶ基準を持っていなければならない。そのための知識の一端が本書から伝わればと願っている。

書くに当たり、さまざまな方にお世話になった。取材に応じてくださった味の素株式会社、写真家の今清水隆宏さん、エスビー食品株式会社、カゴメ株式会社、キユーピー株式会社、写真家の管洋志さん（二〇一三年に逝去）、株式会社東急百貨店、農林水産省食ビジョン推進室、みそ健康づくり委員会、株式会社三越伊勢丹には改めてお礼を申し上げる。

背後で支えてくださっている方々にもお礼を言いたい。いつも相談にのってくれる井本千佳さん。つくって食べる生活のかけがえのなさを背中で教えてくれる義母、義姉および夫の家族たち、妹とその家族、私の両親。いつも物心ともに支えてくれる夫。そして、企画を練る段階から最後まで伴走してくださった筑摩書房の磯部知子さんに感謝の気持ちを伝えたい。

二〇一二年十一月

阿古　真理

文庫版のためのあとがき

四年近く前に出した二冊目の食の本が、このたび文庫に仲間入りした。再読してみて、われながら「渾身の」という表現がふさわしいエネルギー量に感心する。何しろただでさえ資料調べが大変なのに、仕事上の大きな問題を抱えていて、時間的な拘束と心理的な抑圧により、遅々として筆が進まなかった。悪を成す人は得てして善人の顔をしていることを学んだ。幸い、心ある方々の支えのおかげで私は立ち直ることができ、怒りのエネルギーを社会へと振り向け本書を書き上げることができた。しかしもし本書がなければ、世の中に私の本のリストが追加されることもなかったかもしれない。いわば、私の恩本（?）である。

文中にエネルギーが充満している理由はもう一つあって、それは執筆準備中に起こった東日本大震災である。阪神淡路大震災を体験済みだった私は、二〇一一年に人生観がひっくり返ることはなかった。しかし、小学生だった一九七九年のスリーマイル島原発事故のときから恐れていた日本での事故が、ついに現実となったショックは大きかった。

東京で私がオロオロしている間に、大事故はたまたま風下にあった地域の人々の故郷を奪い、大勢の人々の暮らしを変えて分断していた。まだ事故はなくても、現在も原発は全国の立地地域の人々を分断し続けている。人類が滅びても放射能が残るような危ないものを、人間が扱ってはいけないのである。

それでもこの国が原発を使おうとするのは、目先の経済を優先させるためである。経済の問題といえば昭和の時代、女性たちを家庭に、男性たちを仕事に縛りつけて世界トップクラスの経済大国にした企業中心社会は、平成不況に入ると女性たちも仕事に縛りつけて家庭を空洞化させようとした。私たちはインフラが整いおいしいモノや便利なモノに囲まれた豊かさを得る一方で、仕事に忙殺されて心のゆとりを失い続けている。豊かさの恩恵がほど遠い環境にいる人も少なくない。

そんな中でも、日本の社会は機能不全を起こさないで、世界のお金の避難場所になったり、観光客が押し寄せたりして、先進国の面目を保ち続けている。それは、何があってもできる範囲でよりよい暮らしを築こうと努力し続ける市井の人々、つまり私たち自身の地道な歩みがあるからだろう。

もちろん、主婦の料理技術は低下傾向にあり、ますます手軽なレシピが求められ、加工食品や惣菜が売れる現実はある。一方で、いつの時代も料理の技術を向上させる努力を惜しまない人たちがいるからこそ、レシピ本が次々と出版される。二〇一六年現在の流行は、つくり置きできる料理や、初心者向けに細かい解説を加えたレシピ本である。忙しい中でも手づくりの食卓を調えたい人たちと、基礎をきちんと知りたい人たちの存在が、これらのレシピ本の人気を支えているのだ。

きちんとつくって食べる大切さを知る人たちが大勢いる限り、人々の故郷であるこの国は存続していくだろう。誰かが暮らしを奪おうとしても、私たちはすぐに立ち上がり、今日のご飯をつくり始める。ご飯をつくるための戦いは撤退できないのである。

暮らしとは何か、食とは何か。私たちはなぜ料理をし、食べるのか。なぜ人と一緒につくったり食べることを楽しむのか。その背景にはどんな社会があり、どんな人々の貢献があるのか。そして新しい食のシステムは、どんなふうに人の暮らしを変えてきたのか。執筆しながら頭にあったテーマはより大きくなって、私の中に存在し続けている。

よりよき社会を築くために私ができることは、社会運動の一翼を担うことでもなければ、政治や経済の中枢に近づくことでもない。暮らしを支えているものの背景を知り、伝えることである。何を守るべきなのか、その手がかりを示したいのである。ささやかな暮らしを慈しむ人こそが、政治や経済の大きな動きに目を光らせ何が間違ったことなのか気づくことができる。つくって食べる行為はその中心にある。

おいしいご飯を食べられる明日のために、この本が少しでも役に立つとうれしいです。

阿古　真理

二〇一六年九月

解説　食を切り口にした鮮やかな戦後女性史

上野千鶴子

食を切り口にすると、こんなにも鮮やかに戦後女性史が描けるのか……一読、驚嘆した。

人間の欲望は食と性。そう言われるが、性欲は満たさなくても死なないが、食欲は満たさなければ生きていけない。それに性は非日常かもしれないが、食は日常そのものだ。「食べる」ことを切り口にすると、庶民の日常生活の歴史、家族の変貌、主婦の戦後史、台所のエネルギー革命に流通革命、消費と欲望、世代間伝承とその断絶……がからみあって万華鏡のように浮かび上がる。いや、ジグソーパズルのように、というべきだろうか。知っていたはずの断片があるべき場所にひとつひとつはめこまれると、ひとつの時代の絵柄が浮かびあがる。そうか、そうだったのか、と読者は自分が生きてきた同時代史を、ふりかえって確認する思いがするだろう。

この本は、読者のあなたの食歴を通じた自分史のリトマス試験紙にもなるだろう。本書に出てくるメニュー名を見て、そのうちどれだけを実際に食べたことがあるか、あるいはそのなかで何種類を自分で作れるか……多くの読者は、本書の著者が予言しているとおり、食の伝承が断絶していることに愕然とするにちがいない。

その背景にある著者の情報量は膨大なものだ。あとがきで本人がいうとおり、「われながら『渾身の』という表現がふさわしいエネルギー量」を投入したものだ。もっとていねいに論じたら大部の著作になりそうなてんこ盛りのネタを、こんなに駆け足で走り抜いて、もったいないと思わないのだろうか、と心配になるくらい。

本書のアプローチは食の実証研究ではない。料理雑誌とドラマを中心にした一種のメディア研究である。本書の後に登場してベストセラーになった『小林カツ代と栗原はるみ 料理研究家とその時代』（新潮新書、二〇一五年）でも、目の覚める思いがした。ちなみに本書に、食ドラマのモデルのようなNHK朝の連続テレビ小説「ごちそうさん」が出てこないのは、本書の初版刊行（二〇一三年）後に放映されたからだろう。め以子のモデルは小林カツ代と言われている。

感心したので、毎日新聞の書評欄に、こう書いた。「高度成長期から今日までの主婦と食卓の歴史を『料理本』を素材に、時代が求めたレシピと、それを伝える料理研究家の生き方を縦糸に、女性の主婦化や職場進出を横糸に、戦後女性史の織物を織り上げた秀作。目のつけどころがよい。」（「毎日読書日記」毎日新聞夕刊二〇一六年四月十二日付け）

ついでにこんなに才気あふれるブリリアントな才能が、どうしてアカデミックな女性学から生まれないのだろう？　と八つ当たりしたい気分になった。考えてみれば、阿古真理さんに限らず、雑誌文化が好きで、雑誌文化にライターとして鍛えられ、雑誌文化のなかで育った才能が、ぞくぞく生まれているのだった。

だから、本書のメディア研究は、著者の本領発揮のホームグラウンドなのだろう。料理雑誌に限らず女性誌のクッキング頁に登場するレシピを詳細に調べる。好きではまった連続TVドラマやコミックに登場する料理やレシピを採集する。わたしも見ていたはずなのに……読みとばしたり、見過ごしたりした食のディテールを、歴史という比較の文脈に置くと、変化が手にとるようにわかる。

もちろんいくら雑誌や料理本、そしてTVやドラマなどのメディアを研究しても、食生活の実態には迫れない。メディアのなかの料理にあこがれたり、料理本のレシピを読んでいる読者が、そのとおりの食生活を送っているとは限らないからである。

著者も、そのことはよくわかっている。日本人の食の実態に迫るには別のアプローチが必要だ。本書の中でも紹介しているが、アサツーディ・ケイに勤務していた岩村暢子さんの実証研究、『変わる家族　変わる食卓』（勁草書房、二〇〇三年）をはじめとする三部作から、衝撃的な食の崩壊の現実を知ることができる。また味の素株式会社が一九七八年から蓄積した貴重な実証データをもとに、食生活の変化を分析した社会学者による共同研究が、品田知美編『平成の家族と食』(晶文社、二〇一五年)にまとめられている。

だが著者の関心は、きっとそこにはない。メディアからわかるのは、あくまでメディアに投影された読者の欲望である。その欲望の変化が、そうだったのか、と胸に迫るのだ。

欲を言えば、男の書いたグルメ本、吉田健一や池波正太郎、果ては渡辺淳一の『失楽園』のカップルが心中前に食べた最後の食事……などについても、触れてほしかった。また食の評論家と言われるひとびとが登場し、職業として成立したことにも。男のための食の雑誌『dancyu』に触れているのだから、男の食への関心(とその不在)についても論じてもらえば、男女の非対称性がよく浮かび上がったことだろう。

だが、たぶん、著者の関心はそこにもない。「男の料理」が非日常であるのに対して、著者の関心はあくまで日々の暮らしのなかの食事だからだ。

「誰かが暮らしを奪おうとしても、私たちはすぐに立ち上がり、今日のご飯を作り始める」……そのとおり、敗戦後の混乱の中でも、三・一一の津波の後の避難所でも、そうやって女たちは日々の食事をつくってきた。

だから……本書を読み終わったら、本を閉じて台所へ向かおう。さあて、今日は何を食べようか。何を作って誰に食べさせてあげようか……著者の背後には、そういうまっとうな暮らしへの希求があるはずなのだ。

（うえの・ちづこ　社会学者）

本書は二〇一三年二月、筑摩書房より刊行されました。

ちくま文庫

昭和《しょうわ》の洋食《ようしょく》 平成《へいせい》のカフェ飯《めし》
家《か》庭《てい》料理《りょうり》の80年

二〇一七年二月十日 第一刷発行

著者 阿古真理（あこ・まり）
発行者 山野浩一
発行所 株式会社 筑摩書房
東京都台東区蔵前二―五―三 〒一一一―八七五五
振替〇〇一六〇―八―四一二三
装幀者 安野光雅
印刷所 三松堂印刷株式会社
製本所 三松堂印刷株式会社

乱丁・落丁本の場合は、左記宛にご送付下さい。
送料小社負担でお取り替えいたします。
ご注文・お問い合わせも左記へお願いします。
筑摩書房サービスセンター
埼玉県さいたま市北区櫛引町二―六〇四 〒三三一―八五〇七
電話番号 〇四八―六五一―〇〇五三

ISBN978-4-480-43405-0 C0177